미래의 교육을 만드는 강사로 성장하기 위해
알아야 하는 모든 것

강한강사

미래의 교육을 만드는 강사로 성장하기 위해 알아야 하는 모든 것

강한강사

1판 1쇄 인쇄	2014년 5월 15일
1판 1쇄 발행	2014년 5월 21일
지은이	김근현
발행인	조헌성
발행처	(주)미래와경영
편집인	정도환
디자인	디자인 화
I S B N	978-89-6287-143-2 13370
정 가	16,000원

출판등록	2000년 03월 24일 제25100-2006-000040호
주 소	(152-724) 서울특별시 구로구 디지털로26길 61 에이스하이엔드타워 2차 803호
전화번호	02) 837-1107 **팩스번호** 02) 837-1108
홈페이지	www.fmbook.com **이 메 일** fm@fmbook.com

이 도서의 국립중앙도서관 출판시도서목록(CIP)은 서지정보유통지원시스템 홈페이지(http://seoji.nl.go.kr)와
국가자료공동목록시스템(http://www.nl.go.kr/kolisnet)에서 이용하실 수 있습니다.
CIP제어번호 : CIP2014008911

POWER TUTOR

"미래의 교육을 만드는 강사로 성장하기
위해 알아야 하는 모든 것"

강한 강사

김근현 지음

강한 강사가 되기 위해
갖춰야 할 **다섯 가지 덕목**
학력 · 인맥 · 자기관리 · 자질 · 노력

사람은 살아가면서 몇 번의 전환점을 만난다. 태어나는 것만큼이나 큰 존재감을 느끼게 한 사건, 강렬한 어쩌면 강한 둔기로 머리를 맞은 것과 같은 교훈 혹은 몇 만 볼트의 강력한 벼락을 맞은 것과 같은 만남, 때로는 그 시간이 멈춰진 것처럼 잊지 못할 장면은 우리의 삶 속에 오롯이 남아있다.

2011년 4월 1일 공교롭게도 만우절에 제주도의 푸른 바다와 따뜻한 바람을 느끼면서 봄나들이처럼 참석한 세미나에서 기대도 하지 않았던 한 강의를 듣게 되었다. 그 강의는 지금까지 생각하지도, 경험하지도 못했던 새로운 경험이었고 나를 너무나도 부끄럽게 만들었다.

그 당시 강연하신 교수님이 얼마나 뛰어난 학문과 명망을 가졌는지, 어떤 인성을 가졌는지 전혀 알지 못했다. 하지만 두어 시간의 강의는 나의 협소한 시각을 넓혀주었고, 지나왔던 삶을 반성하게 했으며, 앞으로의 삶에 변화를 갖게 만들었다. 대한민국의 사교육을 학문과 이론으로 접근하고, 풍부한 데이터를 제시하고 분석하는 그 강연을 듣고 나서 세상이 멈춘 듯 순간 멍해지는 느낌이었다. 당시의 충격은 형언할 수 없었다.

과연 난 무엇을 한 것일까?

오랫동안 사교육에 몸 담으며 학생들을 열심히 지도하면 전부인 줄 알았는데, 학부모와 상담해서 학생의 성적향상을 도모하는 게 모든 것이라고 생각했는데 내가 몸 담고 있는 그 속에 내가 모르는 것이 숨어 있다는 사실에 강연 내내 놀라고 있었다. 그 당시 모르고 있던 교육학 이론과 새롭게 접한 교육경제학의 이론은 신세계를 만난 듯 했다. 그런데 순간 머릿속에는 감동과 함께 아쉬움이 밀려왔다.

"그런데, 이런 내용을 왜 이제서야 알게 되었지?"

"왜 아무도 이런 얘기를 해주지 않았을까?"

그 당시 이런 질문은 나의 머리를 떠나지 않았다.

유치원, 초등학교, 중학교, 고등학교, 대학교까지 교과 과정을 이수하고 진학하는 과정에서 우리는 다양한 경험을 한다. 가족과 대화하고 환경의 변화를 경험하고 교우 관계를 통해서 인맥관계를 맺는다. 이뿐만 아니라 가정이나 학교, 학원, 교육기관 등에서 우리는 교육을 받는다. 가정에서 이루어지는 가정교육, 초등학교, 중학교, 고등학교에서 이루어지는 공교육, 학원, 과외, 공부방과 같은 사교육, 대학과 향후 인력개발로 이어지는 평생교육이 있다.

특히 우리나라에서 이제는 배제할 수 없는 교육이 되어버린 사교육은 아주 중요한 위치를 차지하고 있다. 그러므로 이제는 단순히 강의를 하고 수강료만 받아가는 그런 강사가 아니라 교육을 선도하고 효과적인 교육에 대해서 연구하며 사회와 시대가 요구하는 새로운 강사인 강한 강사를 필요로 하게 되었다.

그럼, 강한 강사란 무엇일까?

어떤 상황에서든 학생들의 공부와 선택을 도와줄 수 있는 사람이 강한 강사라고 생각한다. 다른 선생님이나 강사보다 효과적으로 교육의 목적을 실현해주는 사람이 강한 강사다. 예를 들어, 영어를 잘 지도하는 강사는 학생들이 영어를 효과적으로 공부할 수 있도록 도와준다. 단순히 성적을 올리는데 머무르지 않고 동기를 주고 학생들을 자극해서 스스로 공부하는 습관을 길러 준다. 학부모와 관계를 지속적으로 관리하며 학생의 변화를 감지한다. 무엇보다도 강한 강사는 늘 공부하며 세상의 변화에 능동적으로 대응하고 철저한 관리로 학생들이 성취할 수 있도록 도와준다.

또한 강한 강사가 되려면 끊임없이 노력해야 한다. 자료를 철저하게 분석하고, 교육에 대한 이론으로 기초를 튼튼히 해야 성장의 발판으로 삼을 수 있다. 학력이라는 굴레를 과감하게 뛰어넘어야 하고 학생의 눈높이 맞춘 수업을 해야 한다. 강한 강사는 인적 네트워크와 다양한 각도에서 정보를 접근하는 방법을 모색해야 하고 이를 바탕으로 시장을 개척해야 한다. 자본주의 사회에서는 강한 강사의 능력을 '돈'으로 보상해준다. 그래서 억대의 연봉과 매출을 올리는 사회적으로 인정받는 강사가 탄생한다.

우리는 살아오면서 훌륭하신 스승님, 선생님을 만난다. 사실 그분들에게 배웠던 가슴 깊은 기억이 또한 강한 강사의 밑거름이 되리라 생각된다. 지금까지 살아오면서 나 역시 여러 명의 스승님들을 만났다. 스승들 가운데 전자공학을 지도해 주셨던 이종창 교수님은 제자들에게 단 한 번도 반말을 하지 않았다. 뛰어난 실력과 인성으로 세상을 밝게 살아가는 방법을 알려주었다. 화가 나도 중도(中道)를 지키며 흐트러지는 모습을 보여주지 않았다.

지금은 정년으로 은퇴를 하셨지만 한준상 교수님은 늘 가까이에서 허물없이 다가와 인생의 희로애락을 들려주신 소중한 분이다.

제주도에서 강연으로 내 삶의 전환점을 만들어 주신 백일우 교수님은 그 자리에서 큰 버팀목이 되어 나를 든든하게 지켜주시는 스승님이다. 내 가슴 속에는 올곧게 나를 지탱해주는 가르침을 주신 소중한 스승님들이 있다. 강사들은 학생들을 지도하기 때문에 가르침의 무게가 얼마나 무거운지 너무나도 잘 알고 있다. 이 책을 통해서 강한 강사로 가는 길을 찾고, 강사로서 자신이 살아 온 길을 되짚어 보는데 도움이 되길 바란다.

집필과 출간에 도움을 주신 미래와경영과 이희선 박사에게도 감사를 드린다. 또한 항상 함께하는 정재훈 본부장을 비롯한 에듀코어 가족과 임예랑, 강민철 등 첨삭 및 연구진들에게도 고마움을 전한다.

김 근 현

제3장 강한 강사의 인맥 관리

제4장 강한 강사의 자기 관리

제5장 강한 강사의 자격

강한 강사의 사교육 시장 분석

<u>**제1장**</u>

강한 강사의 사교육 시장 분석

교육을 다시 생각한다

교육 환경, 사교육 시장을 보면
알 수 있다

교육을 어떻게 볼 것인가?

정부는 왜 사교육을 싫어할까?

태생적으로 다른
관리유전자와 강의유전자

나는 왜 억대 연봉 강사가 아닐까?

교육을 다시 생각한다

교육敎育에 대해서 생각해보자. 한마디로 표현하기 어려운 말이다. 서양에서는 교육을 뜻하는 단어가 매우 많다. Education, Erziehung, Pedagogy 등. 이는 모두 '어린이를 이끈다', '밖으로 이끌어 낸다', '어린이가 선천적으로 타고난 무한한 성장 가능성을 계발하고 신장해준다'는 의미를 지니고 있다.

동양에서 교육敎育이 어떤 의미를 갖는지 살펴보자. '敎'는 교육의 대상인 학습자에게 전통적인 문화와 생활, 풍습, 습관, 언어활동 등을 가르쳐주는 지도적·교도적 성격을 띠고 있다. 반면 '育'은 학습자가 태어날 때부터 타고난 소질과 성품이 바르고 순조롭게 자라날 수 있도록 보호·육성해 주는 것을 의미한다.

이렇듯 동양과 서양에서 바라보는 교육의 의미는 차이가 있지만 큰 테두리에서 추구하는 목적은 비슷하다.

　중요한 것은 교육의 가교架橋 역할을 하는 사람이다. 선생님과 강사가 바로 그 역할을 한다.

　선생님이 학습자에게 무언가를 전달하는 과정은 겉으로는 간단해 보인다. 하지만 교육의 대상인 학습자학생들은 각기 다른 상황에 처해 있다. 지적수준, 집중능력, 가정환경, 교육환경, 시대적 상황 등 학습 내용을 습득하는 상황이 다르기 때문에 학습자에게 맞는 효과적인 교육 방법을 고민해야 한다.

　이와 같은 여러 가지 변수들로 인해서 선생님들이 알고 있는 지식을 학습자에게 제대로 전달하지 못하게 된다. 그럼에도 불구하고 학습자에게 지속적인 동기를 부여하여 소기의 목적을 달성하도록 도와주는 것이 선생님의 책임이고 높아진 학부모의 교육열과 학생의 눈높이에 맞추는 것도 선생님의 능력에 포함된다.

교육 환경, 사교육 시장을 보면 알 수 있다

『미래를 읽는 기술』을 쓴 에릭 갈랜드는 진짜 트렌드임을 알 수 있는 세 가지 방법을 제시했다.

첫 번째, 도표를 그려라.

두 번째, 트렌드를 시각화하라.

세 번째, 정보의 출처를 알아내라.

흩어진 여러 가지 정보들을 도표로 그려서 알아보기 쉽게 정리하고, 트렌드를 눈에 보이게 나타내는 것이 중요하다는 것을 의미한다. 또한, 정보가 객관적이며 그 출처가 공인, 공증된 의미 있는 정보인지를 판단하라는 뜻도 포함되어 있다.

한국직업능력개발원에서 진행한 10년 후 한국의 직업세계 전망 세미나에서 7가지 평가항목을 제시하였다. 보상, 고용현황, 고용안정, 발전가능성, 근무여건, 직업전문성, 고용평등 등 총 7가지 평가항목이 있다. 상위, 하위 직업을 평가하여 예측한 자료인데 안타깝게도 강사는 여기에 없다.

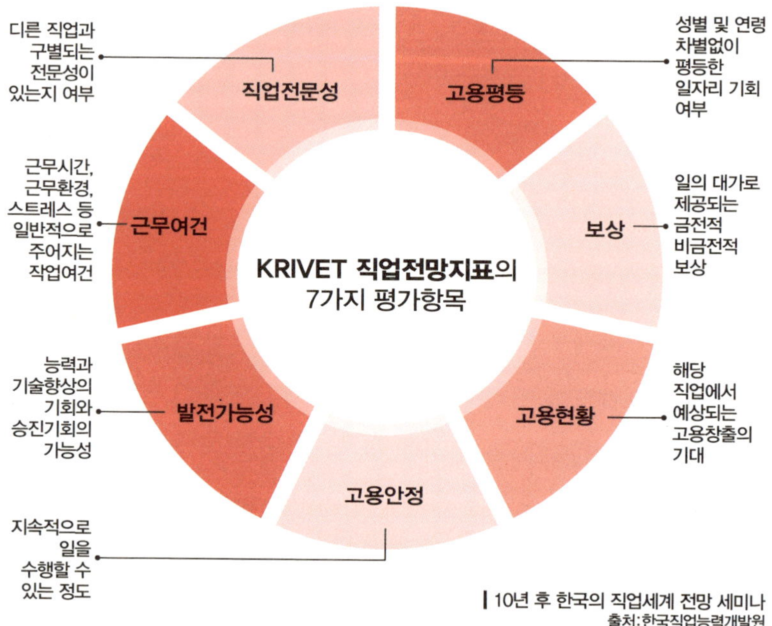

| 10년 후 한국의 직업세계 전망 세미나
출처:한국직업능력개발원

하지만 여러 가지 직업들 사이에서 간접적으로 강사의 위치를 판단할 수는 있다. 평가항목을 숫자로 나타낸 다른 직업군에 비해 보상, 고용현황, 직업전문성은 강사가 높은 게 사실이다. 특히 고용평등의 분야에서도 높은 점수가 부여될 것이다.

고용안정, 발전가능성, 근무여건에 대한 항목에서는 강사 직업군이 상대적으로 낮은 점수를 받을 것으로 보인다.

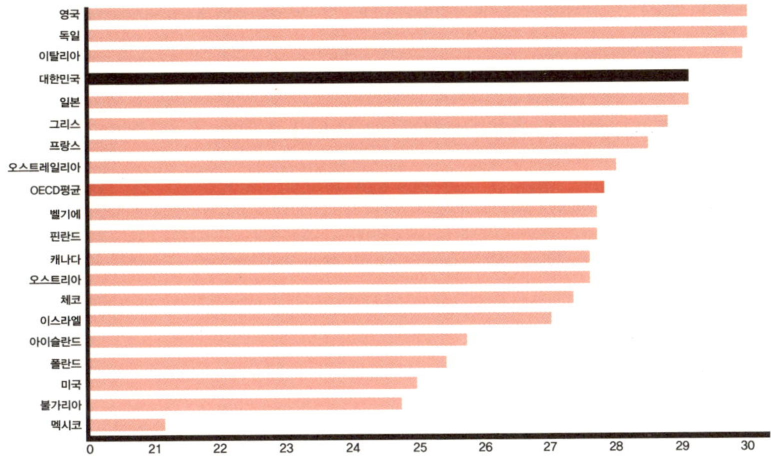

| OECD 주요국 첫째아 출산시 모(母)의 평균 출산연령(2009)
출처:www.oecd.org

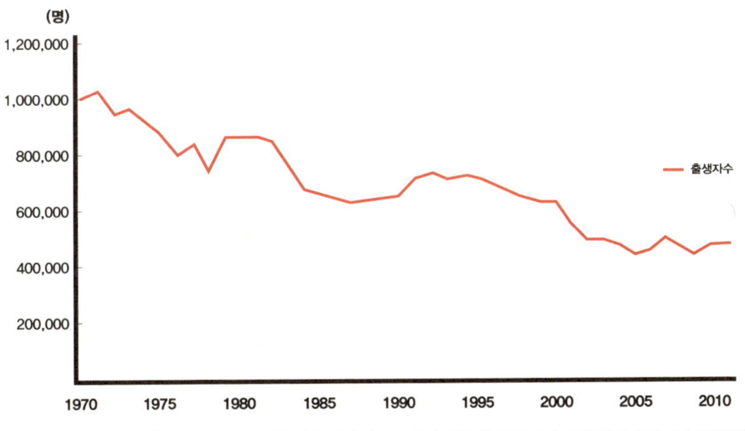

| OECD 주요국 첫째아 출산시 모(母)의 평균출산연령과 대한민국 출생자수의 변화
출처:통계청

위 도표는 OECD 주요국 첫째아 출산시 모母의 평균출산연령과 대한민국 출생자수의 변화를 보여준다. 현재 OECD 주요국에서 모母의 평균출산연령은 약 27.5세를 넘어 약 29세에 이르고 있다. 출산 연령이 높아지면서 출생자수도 줄어들고 있다. 1970년에 100만 명을 출산했지만 2010년에는 절반에 해당하는 50만 명 수준으로 감소했다. 출생자수 변화에 대한 통계자료만 보면 결코 만만한 시대 상황이 아니라는 것을 알 수 있다.

어느 세대, 어느 해보다 제대로 된 분석, 예측 그리고 효과적 대비와 노력이 절실히 필요하다는 사실을 새삼 느낄 수 있다.

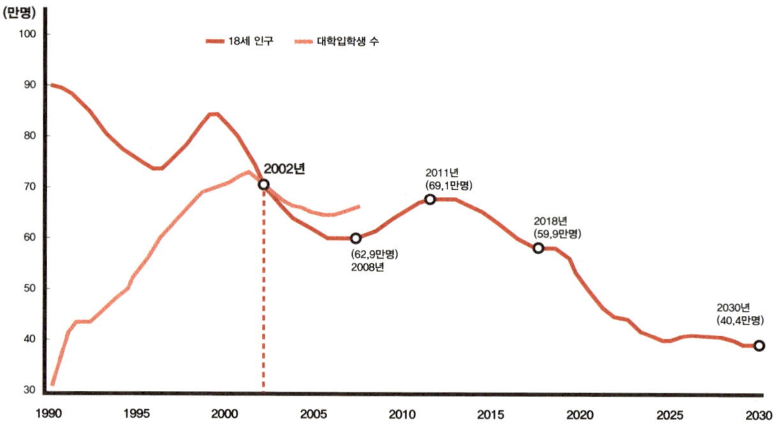

| 대학 입학생 수와 18세 인구 추이

인구의 감소에 따라 대학 입학 연령대인 18세 인구는 급격하게 감소되고 있다. 특히 대학 입학생 수의 변화추이를 살펴보면 2002년 약 70만 명까지 증가하다가 이후 감소하는 추세를 나타낸다. 인구의 감소 추세는 교육인구의 감소로 이어지고 이런 영향은 학교 중에서 가장 큰 교육의 장場인 대학의 구조조정에도 영향을 미치게 된다.

18세 인구의 급격한 감소로 인한 대학의 구조조정 여파는 사교육 시장에도 큰 영향을 줄 것이다.

|교육 환경을 읽어야 한다

2014년 현재 우리나라의 교육은 공교육과 사교육이 첨예하게 대립하고 있다. 정부는 공교육의 정상화를 위해 각종 규제와 제도, 재정적 투자 등에 전력을 다하고 있다. 하지만 지금의 시장 상황도 무시할 수는 없다. 사교육 공급자가 초중고 교원의 수보다 많다.

다음 도표를 보면 사교육 시장의 상황은 초등학교 저학년에서 더 심각해진다는 것을 알 수 있다.

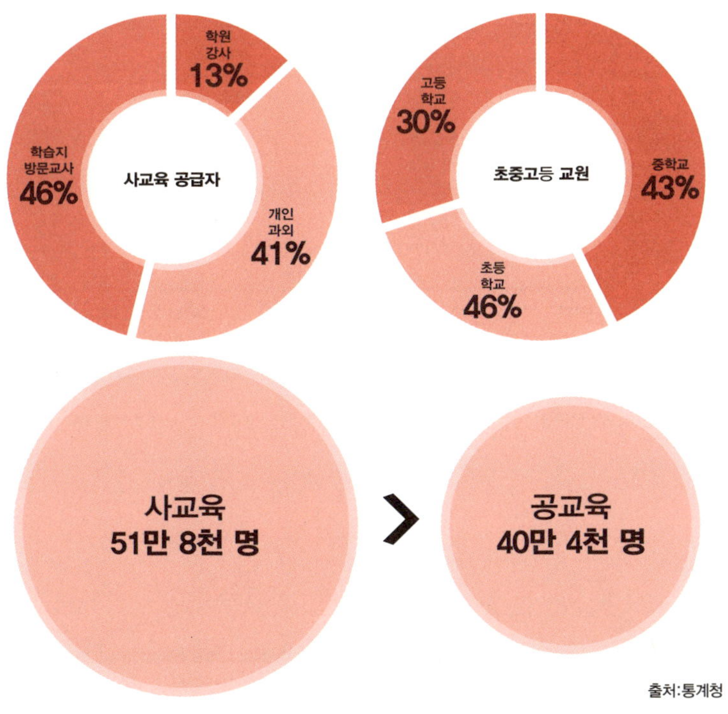

출처:통계청

정부의 강력한 사교육 억제 정책은 정권이 바뀌어도 계속 이어지고 있다. 사교육 억제 정책은 앞으로도 지속될 것으로 예측된다. 하지만 사교육 시장도 무시할 수 없는 영향력을 가지고 있다.

해마다 정부에서 발표하는 사교육비 규모는 2009년을 정점으로 감소하고 있지만 국민들은 연간 20조 원이 넘는 어마어마한 금액을 사교육에 지출하고 있다. 사교육 시장에서 비중이 가장 큰 곳은 바로 학원이다. 초,중,고를 통틀어 사교육 시장에서 학원이 차지하는 비중이 가장 높고 개인과외, 그룹과외, 방문학습지 순으로 많은 비중을 차지하고 있다.

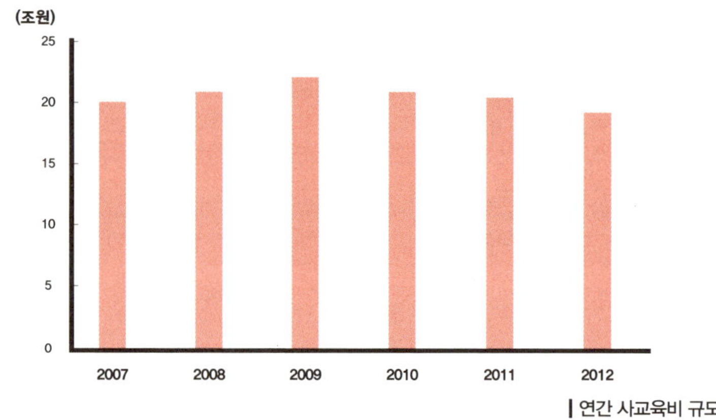

| 연간 사교육비 규모

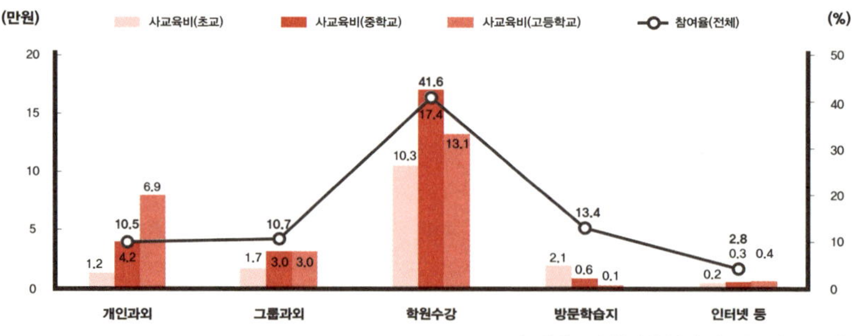

| 일반교과 참여유형별 사교육비(2012년)

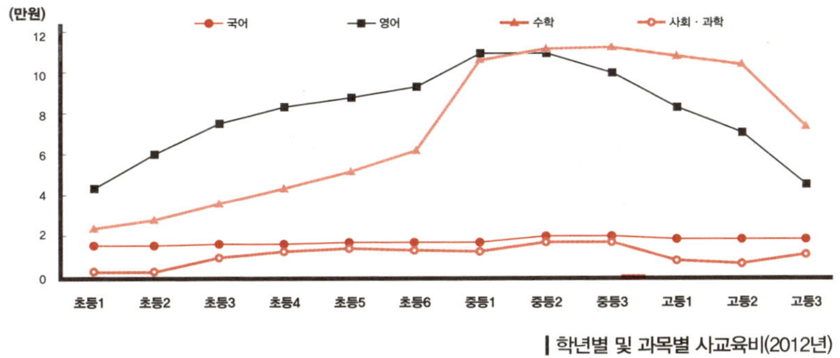

❙ 학년별 및 과목별 사교육비(2012년)

과목별로 보면 학생들은 중학교에 입학하면서 영어와 수학 과목에서 사교육 의존도가 매우 높게 나타난다. 수능으로 대표되는 우리나라 대입 시험의 특성과 교육열 때문에 학부모와 학생의 사교육 의존도와 편향성이 상당하다는 것을 알 수 있다.

사교육에 집중적으로 투자하는 시기는 초등학교 고학년과 중학교로 나타난다. 이 시기에 특수목적중학교, 특수목적고 즉, 외국어고, 과학고, 자립형사립고 등의 중·고교 입시를 준비하면서 사교육 수요가 가파르게 증가한다.

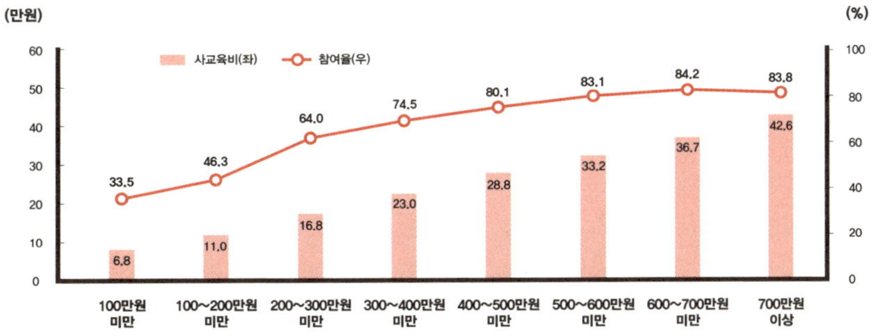

❙ 가구 소득수준별 사교육비 및 참여율(2012년)

가계별, 소득수준별로 보면 사교육비는 가계소득에 비례해서 증가하는 추세를 보인다. 재미있는 사실은 월소득이 400~500만 원 이상인 가정에서부터 사교육비 증가폭이 크게 둔화된다는 점이다. 사교육 참여율도 비슷한 양상을 나타낸다. 이런 결과는 교육 수요가 집중적으로 발생하는 가구의 소득 규모를 예측하는데 중요한 잣대가 된다. 다시 말해서, 가격교육비으로 경쟁해야 하는 지역과 실력강사의 실력, 교육시스템으로 경쟁해야 하는 지역이 다르다는 것을 의미한다.

사교육 참여도는 높은데 소득수준이 낮으면 교육비를 낮춰서 교육 수요를 늘려야 한다. 반대로 사교육의 참여도가 높고 소득수준도 높으면 실력있는 강사와 체계적인 교육시스템을 구축하여 경쟁해야 한다.

| 사회적 변화에 촉각을 곤두 세워야 한다.

교육시장은 사회적 변화와 전혀 관련이 없는 것처럼 보이지만 몇 년을 주기로 변화하는 사회적 환경은 교과에 반영되기 때문에 미리 변화를 예측해야 사교육 시장에서 선점할 수 있다. 예를 들어, 정권이 교체되는 시기에는 교육 시장에 여러 가지 변화가 나타난다. 대한민국 국민이라면 누구나 대통령 선거에 관심을 가질 것이고 당연히 후보자들은 국민들이 관심을 갖는 내용에 관련된 정책을 쏟아낸다. 무엇보다 어느 후보가 당선되는지가 중요하지만 여러 후보들이 내놓는 교육관련 공약도 유심히 살펴볼 필요가 있다.

후보들의 공약은 뛰어난 교육 참모들과 머리를 맞대고 수차례 회의를 한 끝에 나온다. 후보들의 공약을 살펴보면 미래의 교육환경 변화를 예측할 수 있다.

사회적인 변화도 고려하여야 한다. 평창동계올림픽 유치, 지방 국립대의 인지도 하락, 세종 신도시 건설 등은 새로운 교육적 수요의 창출효과를 일으키는 사회적인 변화라고 할 수 있다. 부동산에만 투자하는 것이 아니다. 교육시장도 미래를 보고 투자해야 한다.

동계올림픽에 의한 교육 수요가 무엇일까?

정부의 지방 국립대의 부흥방안이 사교육 시장에 어떤 영향을 줄까?

세종 신도시의 건설로 지역의 교육환경은 어떻게 변화할까?

이런 사회적 변화를 고민하고 분석해야 한다. 강사는 강의만 잘하는 게 끝이 아니라 환경에 대한 예측과 준비도 반드시 해야 한다. 이렇게 분석한 내용을 강의 테마와 강의 영역에 포함시켜야 한다.

| 경기가 나빠지면 성인교육 시장이 뜬다

우리나라에서 일어나는 모순적 상황 가운데 대표적인 것이 고학력자들의 취업난이다. 초등학교, 중학교, 고등학교를 다니면서 열심히 공부하고 명문대에 진학해서 졸업해서 사회에 나오는 순간 취업난이 기다리고 있다.

묘하게도 취업을 준비하는 사람들의 고통이 강사에게는 기회로 작용한다. 즉, 경기가 나빠지고 취업난이 심각해질수록 성인교육 시장은 팽창한다. 스펙을 쌓기 위해 새로운 교육을 받으려 하고 각종 공무원시험을 준비한다. 여러 가지 자격시험에도 응시한다. 강사는 시장 상황에 능동적으로 대처해야 한다. 초등학생을 지도한다고 초등학생만을 찾아다녀야 하는 것은 아니다. 중·고등학생도 가르칠 수 있고 과목에 따라서 성인도 가르칠 수 있다. 강사는 경기가 나쁠 때 매력적인 직업으로 떠오른다. 능력이 있다면 카멜레온처럼 변신하면서 자기 역량을 뽐낼 수 있으니 이보다 더 매력적인 직업은 지구상에 없을 것이다.

IMF 외환위기 때, 실직의 고통에 온 나라가 신음하는 동안 학원가는 큰 타격이 없었다고 한다. 우리나라 학부모들은 어려운 시기일수록 지금은 힘들어도 꼭 내 자식만큼은 좋은 교육을 받게 하려는 마음이 앞서기 때문이다.

어려운 시기에 급성장한 교육 시장은 바로 성인교육 시장이었다. 당시 많은 직장인들이 실직하다 보니 구직자, 실직자, 재직자 모두에게 교육 열풍이 불었다. 성인들은 너나 할 것 없이 교육기관, 세미나, 강연회 등을 찾았다. 공무원이나 각종 자격증 학원도 때 아닌 성수기를 보냈다. 이런 사회적인 상황은 교육 현장의 변화로 이어졌다. 과거에는 학원에서 수업을 받는 것이 교육의 전부였지만 성인교육 시장이 확대된 이후 인터넷 교육 분야가 활성화되었다. 인터넷 교육은 중·고등학교 수능교육 시장까지 확대되었고 이후에 공무원 시험과 각종 자격증 시험도 인터넷으로 강의가 이루어졌다. 성인교육 분야가 확대되면서 전에는 없었던 인터넷 교육이 급격하게 팽창했고 성인을 대상으로 한 어학 교육도 인터넷 강의로 대체되었다. 취업 준비생들은 대부분 영어 공인시험 점수가 필요하다. 영어 공인시험에서 높은 점수를 획득하기 위해서 영어 학원과 인터넷 강의를 많이 이용한다.

주식에는 재미있는 개념이 두 가지 있다. 콜옵션call option과 풋옵션put option이다. 용어만 들으면 좀 어려워보이지만 내용은 단순하다. 콜옵션은 특정 대상물을 만기일이나 만기일 이전에 미리 정한 가격행사 가격으로 매도자로부터 살 수 있는 권리를 매매하는 계약이다. 콜옵션을 매수한 사람은 시장에서 해당 상품이 사전에 정한 가격보다 높은 가격에서 거래될 경우, 그 권리를 행사함으로써 싼 값에 상품을 구입할 수 있다. 풋옵션은 이와 반대되는 개념이다. 풋옵션은 거래 당사자들이 미리 정해놓은 가격으로 장래의 특정 시점 또는 그 이전에 특정 대상물을 팔 수 있는 권리를 매매하는 계약이다. 풋옵션을 매수한 사람은 시장에서 해당 상품이 사전에 정한 가격보다 낮은 가격으로 거래될 경우, 그 권리를 행사함으로써 비싼 값에 상품을 팔 수 있다.

이런 개념은 교육 시장에도 있다. 교육 시장의 콜옵션, 풋옵션은 상황에 따라 싼 가격에 준비해 둔 여러 가지 교육 콘텐츠를 비싸게 살 수도 있고 팔 수도 있다.

교육을 어떻게 볼 것인가?

| 공부, 학습, 배움 도대체 뭐가 다르지?

학생을 지도하면 여러 가지 질문을 받는다. 학생의 질문 가운데 가장 대답하기 어려운 질문이 '왜?'다.

대다수의 강사들은 이 질문에 명쾌하게 답을 제시하지 못한다. '왜?'는 정말 중요한 질문이지만 대답하기 쉽지 않고 질문하는 학생도 대답을 기대하지 않는다.

교사나 강사처럼 학생을 가르치는 일은 시작하기는 쉽지만 과정은 매우 어렵다. 누구나 일정한 자격이 되면 학생들 앞에 설 수 있다. 하지만 자신이 알고 있는 지식을 제대로 전달하기는 어렵다. 기본적으로 알고 있는 지식만 전달한다면 남을 가르친다는 의미가 없다. 지식을 전달하는 과정은 외적인 부분이고 눈에 보이지 않는 부분이 목표와 동기부여이기 때문이다.

목표와 동기부여는 학생들에게 매우 중요하다. 교육에서 자주 사용하는 이론들을 정확히 이해하면 학생들에게 지식을 효과적으로 전달하면서 동시에 목표도 설정해주고 동기부여까지 할 수 있다. 강사라면 반드시 교육이론을 공부할 필요가 있다.

학생들을 가르치면서도 가장 어려운 게 학생들을 독려하는 것이다. 힘들 때 다독여주고 약해지면 용기를 주고, 과제를 확인해서 학습량을 조절하고 학생들의 학업성취도를 파악하는 일도 강사의 몫이다.

'공부', '학습', '배움'은 학생들을 지도하는 과정에 늘 입버릇처럼 사용하는 말이지만 의미가 모호한 말이기도 하다. 특히 공부, 학습, 배움은 너무 흔하게 사용하는 말이다. 실제로 어떤 차이가 있을까? 유사하면서도 조금씩 다른 의미로 통하지만 차이점을 명확게 아는 사람은 많지 않다.

공부는 '세상을 향해 질문의 그물망을 던지는 것'이다. 능동적으로 무엇인가를 하는 것이다. 스스로 책을 읽고, 스스로 질문하며 세상과 교감하며 지식을 얻는 과정이다. 이에 비해 학습은 학습을 시키는 주체와 학습을 받는 주체가 따로 있다. 강사와 학생의 관계가 대표적인 학습의 관계다. 학습의 주제를 강사가 정하고 교재나 교과서를 보면서 수업을 진행한다. 학생은 주어진 교재와 교과서를 바탕으로 그 주제에 대한 지식을 얻는다.

공부와 비교했을 때, 배움은 학생이 주체가 된다. 학습은 일방적으로 교사가 학생에게 주지시키는 관계를 나타내는 말이지만 배움은 학생이 배워야 할 것을 강사가 챙겨주는 안내자 역할을 의미하는 것으로 강사의 역할이 축소된다. 배움에서는 특정한 공간이나 연령이 의미가 없다. 남녀노소, 전문성의 차이 없이 누구나 흔하게 하는 지식의 획득이 배움이다.

예를 들어, 스마트폰 신제품이 출시되면 남녀노소, 전문성의 차이 없이 그것을 처음 사용한 사람이 다른 사람에게 사용법을 알려준다. 이러한 행위는 배움이다.

학생을 가르치려면 강사는 공부, 학습, 배움에 대한 개념과 유형을 명확히 구분하고 학생들에게 적용해야 한다. 강사는 일반적으로 공부를 시킨다고 하지만 공부, 학습, 배움의 유형에 맞게 학생들이 지식을 습득할 수 있도록 도와주는 것이다.

예를 들어, 공부는 능동적인 자세로 공부하는 학생들에게 유리하다. 강사가 일방적으로 가르치고 학생은 받아들이기만 하는 유형보다는 학생이 자율적으로 목표를 설정하고 목표에 따라 공부할 수 있도록 유도하는 것이다. 공부는 스스로 목표를 세워서 공부하는 상위권 학생들에게 적합하다.

실제로 강사들이 강의테마로 빠트리지 않고 넣은 것이 있다. 학생들에게 관심 있는 책을 읽어 오라고 하는 것이다. 책을 읽어야하는 이유와 책을 읽는 것이 실제로 얼마나 도움이 되는지 설명해주면 상위권 학생들은 이 과정을 잘 수행한다.

학습형 학생들은 가장 보편적인 유형이다. 강의를 하고 학생들이자기 수준에 맞는 내용을 학습하는 것이다. 이 유형의 학생이 가장 많지만 학생들을 지도할 때 가장 어려운 유형이기도 하다. 왜냐하면 가장 많은 학생들의 학습 유형이지만 공부습관이나 학습 수준이 달라서 강사들이 개인별로 맞춰서 가르치기 어렵기 때문이다. 때로는 강사의 카리스마가 필요하고 때로는 학습을 이끌어가는 리더로, 때로는 엄마처럼 자상한 역할을 해야 하기 때문에 학습 유형에 따라 개별적으로 지도하기는 어렵다. 궁극적으로 이 책에서 설명하는 주요 내용은 학습 유형에 맞춰져 있다.

학습 유형의 학생들은 관리가 매우 중요하다. 강사가 잘 가르치는 것도 중요하지만 학생 스스로 하는 공부와 배움도 상당히 중요하다. 강사는 단기, 중기, 장기적인 목표를 가지고 학생들을 가르쳐야 한다. 중요한 것은 학생과 학부모는 한 가지 커리큘럼에 만족하지 않는다는 점이다. 강사는 학생 개인의 성향을 파악하여 세 가지 유형 중에서 어느 쪽에 비중을 두어야 할지 결정해야 한다.

| 교육 시장의 수요와 공급의 법칙

경제학에서는 언제나 수요와 공급에 따라 시장이 형성된다. 재화財貨, goods는 돈으로 살 수 있는 것을 의미한다. 재화는 눈에 보이는 것일 수도 있고 아닐 수도 있다.

신발, 펜, 핸드폰, 음악, 인터넷 서비스 등이 대표적인 재화이다. 이러한 재화는 구매하려는 사람, 즉 수요자가 많으면 가격이 올라간다. 반대로 수요자가 줄어들면 반값이나 그 이하 가격으로 판매한다. 생산자공급자는 적자를 보더라도 재고를 소진하려고 한다.

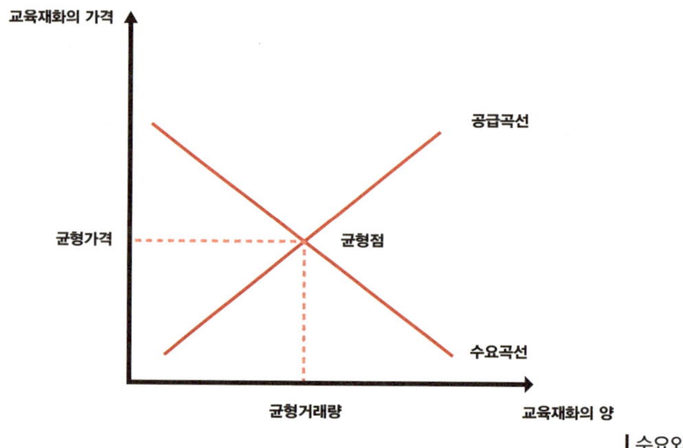

| 수요와 공급의 법칙

　반대로 생산자 입장에서는 시장가격에 판매해서 이익을 많이 남길수록 좋다. 이익이 많이 남으면 지속적으로 생산량을 늘리겠지만 이익이 점점 줄어들면 생산량은 자연스럽게 줄어든다. 시장가격이 낮아지기 때문에 재화를 많이 만들 필요가 없는 것이다.

　고전적인 수요와 공급의 법칙은 교육시장에도 적용된다. 앞에서 언급한 재화는 '교육을 받는다' 또는 '교육을 시킨다'는 표현을 통해 교육재화가 시장에서 거래되고 있음을 나타낸다. '교육을 받는다'는 것은 교육재화의 수요를 나타낸다. 마치 우리가 물건을 구입하려고 시장에 가는 것과 같다.

　'교육을 시킨다'는 것은 교육재화의 공급을 나타낸다. 시장에서 소비자가 찾는 물건을 제공하기 위해 보기 좋게 정리하고 진열해 놓는 것과 같다. 교육재화의 가격도 일반적으로 시장에서 판매되는 재화와 동일한 현상이 나타난다. 수요가 증가하면 가격이 올라가고 수요가 감소하면 가격은 떨어진다. 반대로 공급이 증가하면 가격이 떨어지고 공급이 감소하면 가격은 다시 올라간다.

 다시 말해, 학생들이 학원을 많이 찾으면 수강료가 올라가고 학생들이 학원에 오지 않으면 수강료는 내려간다. 학원이 늘어나면 경쟁 관계의 학원들은 수강료를 내린다. 하지만 학원을 찾는 학생에 비해서 학원 수가 적으면 학원은 충분한 이익을 보기 위해 수강료를 올린다.

 결국, 사교육 시장에서 강사가 해야 할 일은 수요의 변화, 공급의 변화를 판단하고 예측을 통해서 수요의 변화에 대비하는 것이다. 예를 들어, 수요학생가 갑자기 늘어나는 경우가 있을 수 있다.

 대학입시에서 특정과목이 강화되거나 기업의 신입사원 선발 기준에서 영어 능력 강화 등이 대표적인 수요증가의 경우이다. 반대로 수요가 감소하는 경우도 있다. 대학입시에서 선택과목의 축소와 내신성적 반영에 따른 특수목적고의 약화 등이 대표적인 수요감소의 원인이다. 공급의 변화도 예측할 수 있다. 공급이 증가하는 대표적인 경우는 학원의 증가, 공부방의 증가, 과외의 증가, 인터넷 강의의 증가, 외국 교육시장의 개방 등이다. 공급이 감소하는 경우는 학원의 폐업, 공부방의 감소, 학원 영업시간 제한 등이 해당된다. 특히 학원 영업시간 제한은 학원에서 학생의 학습시간을 줄이려는 목적으로 정책적으로 공급에 제한을 가하는 것이다.

정부는 왜 사교육을 싫어할까?

| 정부에서 정책적으로 사교육을 억제하는 이유

'우리나라 정부는 사교육을 좋아할까? 싫어할까?'라고 묻는다면 우문愚問, 즉 어리석은 질문이라 얘기할 것이다. 답은 너무나도 당연하다. 정부는 실제로 사교육을 상당히 부담스러워 한다.

사교육비의 증가는 대선이나 총선에서 늘 이슈가 된다. 사교육비를 억제하기 위해서 세계에서 유래를 찾아보기 어려운 학생의 건강권이라는 새로운 법률적 개념을 도입해서 학원의 영업시간을 제한했다. 또한 강사의 성범죄경력 조회나 학원의 현금영수증 의무화, 강사의 학력 인터넷 공개 및 학원의 수강료 공개, EBS 교육의 강화 등 셀 수 없을 정도로 많은 수단을 동원해서 정부는 직·간접적으로 사교육을 억제한다.

그러면 정부는 왜 사교육을 억제하려고 할까? 정부는 근본적으로 사교육을 상당히 비관적인 시각으로 바라본다. 그 이유는 다음의 세 가지로 설명할 수 있다.

첫째, 개인이 기대하는 수익의 합이 국가가 기대하는 수익의 합으로 실현되지 않는다고 생각한다. 개인이 학원이나 과외 등과 같은 사교육을 통해 얻은 학습이 국가 전체로 볼 때 국가가 기대하는 생산성에 크게 못 미친다는 의미다. 특히, 학원의 선행학습은 단순 반복 학습으로 국가적인 차원에서 제공하는 공교육인 학교수업 내용을 사교육에서 반복적으로 미리 학습하는 것으로 보기 때문에 생산성이 없다고 정부는 보고 있다. 이런 이유에서 사교육을 금지하거나 억제하기 위해서 여러 가지 정책을 내놓고 있다.

둘째, 현재 사교육은 그 규모가 상상을 초월할 정도로 커져 있고 많은 인력을 고용하고 있다. 미술이나 음악, 체육과 같은 예·체능 분야의 사교육은 개인마다 다른 재능을 이끌어내서 능력발달에 긍정적인 영향을 주는 엘리트 교육의 일환으로 정부에서는 국가 경쟁력을 키우는 데 긍정적인 작용을 한다는 시각이다. 하지만 특목고 입시, 대학 입시, 수능, 입시 컨설팅 등은 다른 산업에 비해 상대적으로 소비적·소모적인 일로 보는 것이다. 이렇듯 국가적인 차원에서 볼 때 사교육에 종사하는 가용인적자원과 금전적 투자를 생산적이고 수익률이 높은 다른 분야의 산업에 투자하여 더 높은 경제적 가치를 창출하는 것이 더 효과적이라고 보는 견해다.

셋째, 교육의 부에 대한 중립성Wealth Neutrality of Education을 해쳤다는 이유에서 정부는 사교육을 억제한다. 교육사회학적 관점에서 보면 사교육으로부터 야기되는 계층 간의 갈등 문제는 우리 사회가 표방하고 '민주주의와 자본주의 질서와 병행'한다는 관점에서 멀어진다. 부의 세습 못지않게 교육의 세습은 또 다른 사회 문제로 부각되고 있다.

과거에는 개천에서 용난다는 말을 실감할 수 있었다. 하지만 '명문대에 가기 위해서는 엄마의 정보력, 아버지의 무관심, 할아버지의 재력이라는 3박자가 맞아야 한다'는 말은 듣는 사람들을 씁쓸하게 만든다.

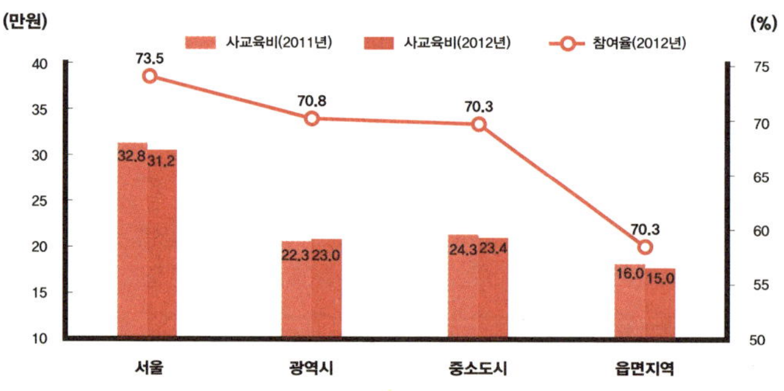

| 권역별 사교육비 및 참여율 (2012년)
출처:통계청

위의 도표와 같이 지역별 소득에 따른 편차와 관심의 정도에 따라 사교육의 혜택이 다르게 나타날 수 있다는 것도 부정할 수 없는 현실이다.

| 왜 사교육은 억제가 안 될까?

정부는 사교육을 곱지 않은 시선으로 본다. 그렇다면 과연 사교육은 불법일까?

사교육은 불법적인 교육이 아니다. 우리나라의 사교육 시장처럼 자유롭게 수요와 공급이 이루어지고 교육시장에서 교육비가격가 결정되는 나라는 전 세계적으로 찾아보기 어렵다. 사교육을 불법이라고 한다면 사적 가치를 강조하는 우리나라 헌법에 위배되는 위헌적 소지가 다분하다. 뿐만 아니라 사교육의 장점도 무시할 수 없다.

사교육의 장점 가운데 첫 번째가 고용의 창출이다. 사교육 종사자 대부분이 고학력자다. 사교육 시장이 무너지면 수많은 고학력자의 취업을 당장 보장하기 어렵다. 두 번째로 공교육에서 담당할 수 없는 부분을 채워주고 특히 사교육을 통해서 뛰어난 인재를 키울 수 있다는 장점도 있다.

예를 들어, 엘리트 스포츠 인재는 학교 교육만으로 만들어지지 않는다. 국민의 절대적인 지지와 관심의 대상이 된 박태환, 김연아, 손연재 선수 등은 공교육에 의해 만들어진 스포츠 인재라 할 수 없다. 이렇게 특별한 훈련을 하는 엘리트 교육은 사교육에 의존할 수밖에 없다.

그리고 한국인에게 뿌리 깊게 박혀있는 교육열을 공교육만으로 해소할 수는 없다. 임마누엘 페스트라이쉬 경희대 후마니타스 칼리지 교수는 외국에서 보는 한강의 기적은 기적이 아니라고 했다. 그는 저서 『한국인만 모르는 다른 대한민국』에서 "한국인들은 소말리아와 같은 수준에서 출발해 50여 년 만에 IT 강국이 되었다고 말한다. 그러나 이는 결코 사실이 아니다. 한국은 매우 오랜 학문적·예술적 전통을 이어왔다"고 기술했다. 한강의 기적은 수백 년간 면면히 이어온 교육열의 결실이란 의미다.

버락 오바마 미국 대통령이 수차례 "한국의 교육을 배우자"고 했다는 것은 뉴스를 통해서 널리 알려진 얘기다. 그는 "열정을 갖고 공부에 임하는 한국 학생의 마음가짐을 본받아야 한다"며 우리의 교육열을 부러워했다. 결국, 공교육에서 충족시킬 수 없는 교육에 대한 욕구를 해소할 수 있는 곳으로 우리는 사교육을 선택하고 있다. 명문가 자제들을 교육시키는 사교육은 아주 오래 전부터 있어 왔다. 현재도 특별한 분야에서 교육열을 분출시키는 창구로 사교육은 그 역할을 톡톡히 하고 있다.

근본적으로 사교육은 국민의 교육 욕구를 해소하기 위해서 고등교육자들이 모여 있는 교육의 장이다. 하지만 이러한 긍정적인 요인에도 불구하고 정부는 사교육을 억제하고 있다. 거시적인 관점에서 학습자는 과도한 비용을 지출하고 강사들은 고급 인재를 소모적으로 활용한다고 보고 있으며, 미시적 관점에서 사교육은 단순 반복적인 학습의 연속이라고 비판한다. 결국 사교육과 정부는 서로 만날 수 없는 평행선처럼 서로 다른 시각차가 발생하고 있다. 이런 관점의 차이 때문에 사교육 시장과 정책은 충돌할 수밖에 없다. 또한 정부는 각종 규제와 제도의 변경 및 보완을 통해 팽창하는 사교육을 억제하려고 하고 사교육은 정부의 규제를 피해 수험생과 학부모의 욕구를 충족시키기 위한 노력을 하고 있다.

태생적으로 다른
관리유전자와 강의유전자

과학사에서 가장 유명한 연구 가운데 하나는 DNA 구조를 설명한 것이다. DNA 구조는 3명의 저명한 과학자에 의해 밝혀졌다. 왓슨, 크릭, 프랭클린이 DNA 구조를 설명한 과학자다. 프랭클린은 X선에 의한 연구로 DNA가 이중 나선구조임을 밝혔고 이후 왓슨과 크릭은 모형으로 분자구조를 설명하여 노벨상을 수상했다.

그만큼 DNA는 중요하다. 모든 생명체에서 유전자들은 염색체상에 존재하며 염색체의 구조는 DNA와 단백질로 구성되어 있기 때문이다. 그런데 DNA의 조합이 워낙 다양해서 학계에서는 DNA에 관한 연구를 계속 하고 있다.

강사들의 DNA도 경험적으로 관리를 잘하는 유전자와 강의를 잘하는 유전자가 있다. 관리를 잘하는 강사는 성격이 꼼꼼하고 논리적이고 체계성을 가지고 있다. 그에 반해 강의를 잘 하는 강사는 재능이 뛰어나다. 남들 앞에서 자유롭게 자신의 의사를 표현하고 잘 설득한다. 그러므로 자신의 DNA가 어느 쪽인지 먼저 확인해야 한다.

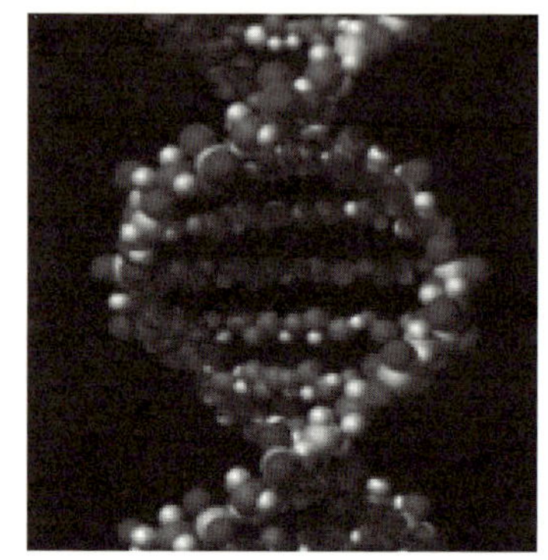

| DNA 구조

| 태생적인 관리유전자

강의 현장에서 느끼는 것이지만 학원의 관리형 유전자와 강의형 유전자는 다르다. 관리형 유전자를 가진 강사의 대표적인 스타일은 학생관리를 잘하는 학원 원장이다. 학생들 앞에서 많은 강의를 하지는 않지만 학원 운영과 원생들의 관리에 탁월하다. 이런 원장은 무엇보다 사교육 시장을 확장시켜서 학원의 매출을 늘린다.

예를 들어, 대입학원을 운영하고 있으면 고등학교 내신성적을 향상시키는 학원으로 확장해서 운영하려고 하고, 고등학교 내신성적을 향상시키는 학원이 포화상태가 되면 중등학원과 초등학원으로 눈을 돌린다.

초등학원을 운영하던 원장이 반대로 중등학원, 고등학원으로 진출하는 경우는 상대적으로 극히 드물다. 즉, 아래 학년을 가르치는 학원으로 확장하는 비가역非可逆적인 현상이 나타나는 것이다.

관리형 유전자를 가진 강사도 있다. 관리형 강사는 강의보다도

040

학생의 학업 성취도 관리, 상담, 학부모 상담, 커리큘럼 등에서 자신의 능력을 발휘한다. 이런 관리형 강사는 애써 강의형으로 전환할 필요가 없다고 생각한다. 자신의 뛰어난 능력을 학생 관리에 집중해서 학생과 학부모의 요구Needs를 잘 관리하는 것이 바람직하다. 강의실에서 뛰어난 강의 실력을 뽐내기 보다는 교재와 커리큘럼, 학부모의 상담 등을 통해서 학생과 친밀감을 높이는 것이 더 좋은 결과를 만든다.

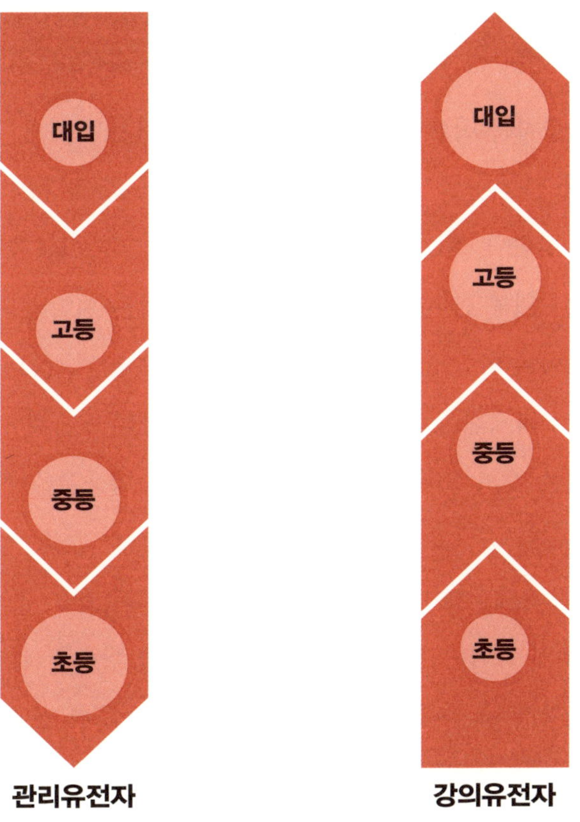

| 관리유전자는 아래 학년을 가르치는 학원으로 확장한다.
강의유전자는 고학년 학생을 가르치면서 능력을 계발한다.

┃태생적인 강의유전자

　강의형 강사는 관리형 강사와 성격이 판이하게 다르다. 강의형 강사는 초등학생을 가르치면 중학생도 가르치려고 하고, 중학생을 가르치면 고등학생도 가르치고 싶어 한다. 그리고 고등학생을 가르치다 보면 대입 전문 강사까지 꿈꾼다. 물론 초등학생, 중학생, 고등학생을 가르치면서 자신의 능력을 특화시켜서 유명해지는 강사도 있다.

　하지만 대입 전문 강사가 중학생이나 초등학생을 가르치는 경우는 거의 없다. 관리형 강사와 다르게 역시 고학년으로만 강의 대상을 확장하는 비가역非可逆적인 현상이 나타나는 것이다.

　관리형 원장과 강사, 강의형 강사 모두 자신의 장점을 살리는 이유는 분명하다. 바로 돈 때문이다. 포화상태의 사교육 시장에서 살아남기 위해 관리형 강사는 비교우위에 있는 실력과 자본, 학생 관리 경험을 바탕으로 자기 영역을 확대할 것이고, 강의형 강사는 탄탄하게 다져진 강의 실력을 바탕으로 연봉의 상승과 더 많은 강의 기회를 갖기 위해 고학년과 높은 수준의 학생들을 가르치려고 하는 것이다.

　강한 강사가 되려면 내가 어느 유형인지 파악하는 것이 중요하다. 학원의 관리나 운영에 관심이 있는지, 즉 관리형 강사, 학원장의 유전자가 내 몸에 있는지 또는 학생의 장단점을 살펴서 원하는 목표를 이룰 수 있도록 지도하는 능력을 바탕으로 다른 강사들과 실력을 겨룰지를 판단하고 강사로서 로드맵을 만들어야 한다.

관리형 강사인지 강의형 강사인지 알아야 강한 강사, 억대 연봉 강사가 되기 위한 초석을 다질 수 있고 어느 방향으로 노력할지 설정할 수 있다.

나는 왜 억대 연봉 강사가 아닐까?

| 여러분은 그 비밀을 알고 있다

'나는 왜 억대 연봉 강사가 아닐까?'라는 질문 때문에 맥이 빠질 지도 모르겠다. 책에서 억대 연봉 강사가 되는 비법을 풀어 놓을 줄 알았는데 좀 허무할 수도 있겠다. 하지만 더 힘이 빠지는 것은 이 책을 읽는 독자들은 이미 오래전부터 왜 억대 연봉 강사가 아 닌지 그 이유를 너무나도 잘 알고 있다는 것이다.

지금까지 애써 외면했던 것, 내가 너무 얕게 알고 있었던 것, 혹 은 내가 잘못 알고 있었던 것들이 이 책을 읽는 독자들의 연봉이 오르는 것을 가로 막고 있었기 때문에 누구보다 열심히 강의하고 학원을 운영했지만 억대 연봉 강사가 되지 못한 것이다.

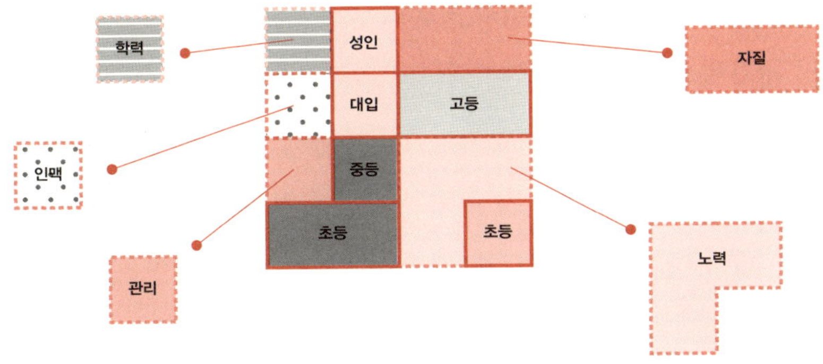

우리의 궁극적인 목표인 강한 강사가 되는 방법은 수도 없이 많다. 초등학생을 가르치는 강사에서 중학생을 가르치는 강사로, 또 고등학생을 가르치는 강사에서 대입 전문 강사로 혹은 자격증 시험이나 인증 시험을 준비하는 성인을 대상으로 강의하는 강사들에게 공통적으로 필요한 요건을 다섯 가지로 분류하여 각각의 요건마다 대응하는 전략이 있다.

강한 강사로 거듭나기 위해서 학력, 강사로서 갖춰야 하는 자질, 스스로 하는 자기 관리, 강사에게 필요한 여러 가지 노력과 인맥 관리에 대해서 살펴보겠다.

| 다섯 가지 요소에 눈을 떠라

나는 강사로서, 사교육 업체의 대표로서 많은 사람들을 만난다. 일 때문에 만나는 사람들은 대부분 학원 관계자들이다. 학생과 학부모를 제외하고 가장 자주 그리고 많이 만나는 사람들은 소위 '잘나가는' 강사들이다. 흔히들 잘나가는 강사들은 그들만의 특징을 가지고 있다. 특징이 분명하고 강사로서 성장 가능성도 충분하지만 소극적이고 위축된 자세 때문에 발전하지 못하는 강사들을 보면 안타깝기만 하다.

강한 강사가 되기 위한 첫 번째 요소인 학력은 매우 중요하다. 학력은 아주 좋아도, 너무 나빠도 이로울 게 없다. 학력이 너무 출중하면 자만심을 갖게 되고, 반대로 내세울 만한 학력이 아니라고 생각하면 위축된다. 그러므로 현실적인 상황을 제대로 이해하고 자신의 학력을 마케팅에 활용하거나 학력이 부족한 부분을 극복하고 실력으로 검증받을지에 대해서 결정해야 한다.

강사의 자질은 매우 중요하다. 강사뿐만 아니라 모든 사람들은 자기가 가진 자질이 분명히 있다. 발전하지 못하는 사람은 자신에게 어떤 자질이 있는지 잘 모르고 있거나 잘못된 방향으로 사용하는 경우도 있었다.

사교육 시장에서는 인맥도 상당히 중요한 역할을 한다. 강의만 잘하면 된다는 인식을 가진 강사들은 주변 사람들과 잘 어울리지 않고 네트워크를 소홀히 하는 경우가 많다. 실제로 강사 생활을 오래 하다 보면 만나는 사람들의 수가 점점 줄어든다. 그래서 강사는 더 적극적으로 인맥을 넓혀야 한다.

강의는 누구보다 잘 하지만 스스로 자기관리를 못해서 힘들게 쌓은 명성을 한순간에 날려 버리는 안타까운 경우도 있다.

앞의 요소들만큼이나 중요한 강사 개인의 개별적인 노력도 중요하다. 현재는 많은 정보의 홍수 속에서 살아가지만 그것을 취득하고 관리하고 자신의 능력을 개발하는 노력이 꼭 수반되어야 한다. 이 다섯 가지 요소가 강한 강사가 되기 위해서 필요한 전부는 아니다. 하지만 강사로서 자신의 과거와 현재의 모습, 미래의 변화된 모습을 그려보는 데 꼭 필요한 요소다.

| 억대 연봉 강사에게는 이것이 있었다

19세기 말 이탈리아 경제학자 빌프레도 파레토는 "이탈리아 국민의 20%가 이탈리아 부의 80%를 차지한다"는 것을 발견하였다. 이것을 20대 80법칙이라고 했고 '파레토 법칙'이라고 부른다.

다양한 통계 데이터를 살펴보면 대부분 20대 80법칙이 적용된다. 20%의 인구가 전체 부의 80%를 차지하고 20%의 핵심인재가 80%의 성과를 내며 20%의 소비자가 전체 매출액의 80%를 차지한다. 이러한 현상이 시대와 국가를 막론하고 공통적으로 나타난다. 우리의 사교육 시장도 20대 80법칙이 적용된다.

강사도 예외는 아니다. 20%의 능력 있는 강사가 전체 학생의 80%를 가르치고 사교육 시장 매출액의 80%를 장악하고 있다.

사교육 시장에서 강한 강사, 억대 연봉강사에게는 공통점이 있다. 파레토 법칙의 20%에 해당하는 강사들은 학력, 자질, 인맥, 자기관리, 노력 5가지 요소를 모두 갖추고 있으면서 다른 강사들이 따라올 수 없는 자기만의 장점을 가지고 있다.

20%에 포함되는 강사들 중에는 뛰어난 학력을 가진 강사도 있고 부족한 학력을 노력으로 뛰어넘은 강사도 있다. 또 학생과 학부

모, 학원 관계자, 강사들 사이에서 원만한 관계를 유지하며 능력 있는 강사로 거듭난 강사도 있고, 철저한 자기관리로 자신의 숨겨진 능력을 계발하여 강의에 녹여내는 강사도 있다. 그리고 부단한 노력이 그들을 강한 강사로 만들어주었다. 하지만 신기한 것은 강한 강사들은 다른 강사보다 특출나게 뛰어난 요소를 한 가지 이상 가지고 있다는 점이다. 다섯 가지 요소를 모두 뛰어날 정도로 갖춘 강사들에게는 머리가 숙여진다.

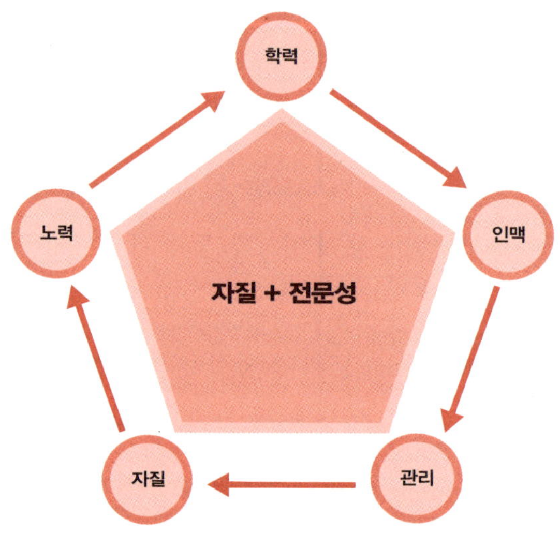

　앞으로 강한 강사가 되기 위해서 필요한 다섯 가지 요소를 하나씩 짚어볼 것이다. 지금까지 외면했던 것들에 관심을 가지고, 얕게 알고 있었던 것에 깊이를 더해야 하고, 잘못 알고 있는 것을 바로 잡아 실천하기 바란다.

강한 강사의 학력

제2장

강한 강사의 학력

강사의 학력에 대한 여러 가지 생각들

강한 강사가 뛰어 넘어야 하는 학력

학력을 깨는 최선책은 공격이다

내 강의에는 비책이 있는가?

내가 지도할 학생은 누구인가?

학력에 대한
여러 가지 생각들

| 고등학교 졸업 후 취업하는 게 이익일까?
대학에 진학하는 게 이익일까?

학력은 현재 대한민국의 교육, 사회, 문화적 환경에서 매우 중요한 의미를 지닌다. 공교육을 하는 학교 선생님이나 사교육을 하는 학원 관계자, 강사에게 학력은 최종적인 목표가 되기도 하고 끊임없이 노력해야 하는 목표가 되기도 한다.

자기 생각을 표현하는 데 서툰 유치원생들도 '세계화'라는 포장으로 어렸을 때부터 영어 수업을 한다. 하지만 유치원 때부터 영어를 배우는 이유는 결국 좋은 대학을 가기 위해서라고 굳이 얘기하지 않아도 알고 있다. 초등학생, 중학생들에게도 특목고 입시, 내신 위주의 영어와 수학, 각종 자격증 공부까지 시키는 이유도 결국 좋은 대학을 가기 위해서다. 고등학교에서는 두말할 필요도 없다.

그런데 우리는 왜 좋은 대학에 가려고 할까? 좋은 대학에서 주는 졸업장, 즉 학력이라는 울타리는 우리의 삶에 어떤 영향을 미칠까?

강사에게 학력은 무엇이며 어떤 영향력을 가지고 있을까? 학력에 대한 많은 질문이 생긴다. 하지만 분명한 것은 학력이 좋다고 강의를 잘 하는 것은 아니라는 점이다. 학력으로 이룰 수 있는 것이 많지만 잃는 것도 많다는 사실을 기억해야 한다.

학생들에게 교육할 때 대학에 왜 진학해야 하는지를 설득하는 건 참 어렵다. 학생이 필요에 의해서 꼭 대학에 진학해야 한다는 목표의식이 있으면 다행이지만 상당수의 학생은 그렇지 않다. 어려운 일이지만 강사는 학생들에게 대학에 진학해야 하는 이유와 목표를 설정해주어야 한다.

학생들에게 목표의식을 심어주는 방법은 다양하다. 여러 가지 방법 가운데 현실적인 접근, 즉 교육경제학 관점에서 목표의식을 심어주는 강사들이 많다.

교육경제학에서는 '교육수익 측정법'을 사용해서 목표를 명확하게 해준다. 교육을 통해서 얼마나 많은 수익을 창출하는지 살펴보는 것이다. 교육수익 측정법에는 단순 상관관계 접근법, 잔여부분 접근법, 직접 교육수익 접근법, 간접 교육수익 접근법 등이 있다. 여러 가지 접근법 가운데 직접 교육수익 접근법은 상당히 현실감이 있어서 학생들에게 효과적이다.

직접 교육수익 접근법에서는 교육이 개인이나 사회에 측정 가능한 수익을 제공한다는 관점에서 목표를 설정한다.

다음 그래프는 '나이-소득 종단면도'라고 하는데 나이가 들어감에 따라 소득이 어떻게 변하는지를 나타낸 것이다. 나이-소득 종단면도에서는 학력에 상관없이 청·장년기에는 소득이 낮고 중년기에 소득이 높아지다가 정점에 이른 후에는 감소하는 형태를 나타낸다. 특히 고학력자는 저학력자의 종단면도 그래프보다 위쪽에 위치한다.

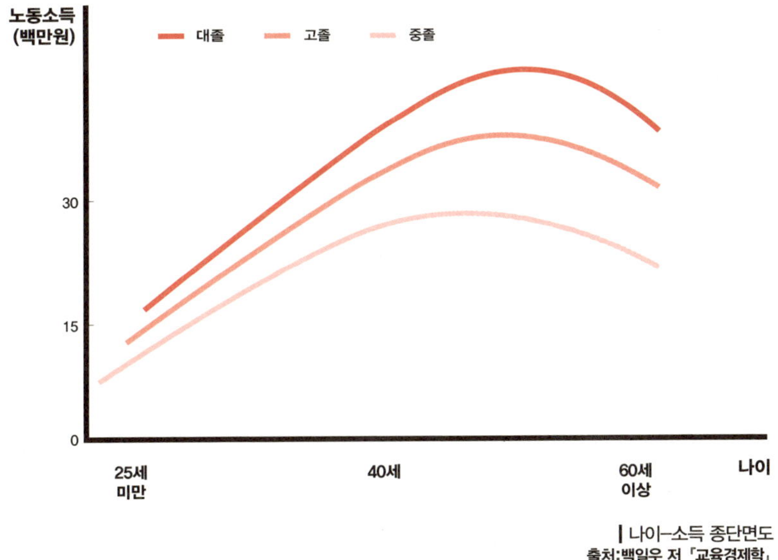

| 나이-소득 종단면도
출처:백일우 저 「교육경제학」

학력이 높을수록 나이-소득 종단면도에서 위에 위치한다. 많은 교육으로 인해 인적자본, 즉 고용시장에서 필요로 하는 능력이 많이 축적되었기 때문이다. 고학력자는 저학력자보다 임금의 상승이

가파르게 나타난다. 학력이 높을수록 교육을 받을 기회가 더 많아지고 실력·경험·노하우 등의 축적이 왕성하게 이루어지기 때문이다. 저학력자일수록 나이-소득 종단면도 모양이 수평에 가깝다. 저학력자는 교육에 의한 능력의 배양 보다는 육체적 소득에만 의존하기 때문에 임금이 상승하는 폭이 크지 않다. 젊은 시절의 임금이 중년까지 비슷한 상태로 그래프가 거의 수평에 가까운 형태를 나타내기도 한다. 그리고 고학력자의 소득이 줄어드는 정점이 저학력자의 소득 정점보다 늦게 나타나는 것도 특징이다.

| 인적자본이론

인간에 대해서 자본의 개념을 적용시키는 것은 참으로 불손하고 금기시되어 왔었다. 경제학에서는 1960년대부터 인간에 대한 자본 개념을 공론화했고 인적자본Human capital 개념을 본격적으로 시장에 적용하기 시작했다. 현재는 거의 모든 경제학에서 인적자본 개념을 사용하고 있다. 그리고 인적자본 개념을 집대성한 슐츠Theodore William Schultz와 베커Gary Becker는 1972년, 1992년에 노벨 경제학상을 각각 수상했다.

노벨상까지 수상하며 세계적인 관심을 일으킨 인적자본이론의 기본적인 개념은 어렵지 않다. 강사들이 학생들을 지도하면서 혹은 학교에서 교육받은 내용에 인적자본이론의 개념이 들어 있다. 교육을 받으면 인간은 지식·기술·창의력 등과 같은 교육의 결과가 축적된다. 눈에 보이지는 않지만 교육의 결과는 우리가 은행에 적금을 하듯 조금씩 쌓이게 된다.

이것을 인적자본Human capital이라 한다. 이렇게 축적된 인적자본을 가진 사람은 생산성이 높기 때문에 기업가는 높은 임금을 지불하면서 채용하려 한다. 결국 인적자본을 축적하기 위해 받은 교육훈련에 따른 비용을 충분히 보상하고도 경제적으로 이득이 된다는 논리다.

학생들이 명문 대학에 가려는 궁극적인 이유는 무엇인가? 학생들마다 목표가 다르기 때문에 일반화 된 답을 찾기는 어렵다. 하지만 경제학, 즉 교육경제학에서는 이러한 인적자본이론으로 명문 대학에 가려는 이유를 설명한다.

대학에 입학하면 학식이 높은 교수님으로부터 여러 학문에 대한 강의를 듣고 실험을 하고 연구를 한다. 시험을 통해서 실력을 검증받고 자신의 성취도를 확인한다. 학생들은 이 외에도 어학연수를 하거나 영어 공인인증 시험 등을 준비하며 어학 능력도 키운다. 이뿐만 아니라 동아리활동을 통해 취미활동도 하며 인간적인 관계를 도모하여 성장의 발판을 마련한다.

대학을 다니는 동안 경험했던 모든 것들이 인적자본으로 축적되는 것이다. 그러므로 대학에서 얻은 지식, 기술, 창의력, 인적네트워크, 어학능력 등은 기업에서 사원을 채용할 때 평가하는 기준으로 삼는다. 인적자본을 축적한 사람에게 기업은 높은 임금을 주고 채용한다. 그런데 대학에서 교육을 받으려면 상당히 많은 등록금을 지불해야 한다. 그러나 인적자본이론에 따르면 이러한 등록금,

즉 교육훈련비용은 추후에 경제적인 이득으로 돌려받게 된다는 것이다. 기업에 취업해서 퇴직할 때까지 대학에서 받은 교육과 경험으로 인해 보상을 받고 혜택을 누릴 수 있다는 것이다.

'너는 꼭 명문고, 특목고에 가야해!' '너는 꼭 명문대학에 가야해!' '너는 꼭 대기업에 가야해!'라고 어른들은 이야기하지만 학생들은 명문대학을 가면 무엇이 좋은지 그저 막연히 알고 있을 뿐이다. 강사는 학생들에게 목표의식을 분명하게 심어주고 싶지만 말처럼 쉽지 않다. 공부의 큰 뜻을 이해해고 그 재미를 느끼게 만드는 것도 중요하고 단기, 중기, 장기 목표를 세우는 것도 수험생들에게 상당히 중요한 동기부여가 된다. 인적자본이론도 학생들에게 충분히 의미있는 동기부여 요소가 된다.

| 선별이론 · 신호이론

경제학에서 통용되는 여러 가지 효과 중에서 '양가죽 효과sheepskin effect'를 들어본 적이 있는가. 양가죽이 어떤 효과가 있어서 이렇게 표현했을까?

과거 서양에서는 졸업장을 수여할 때 양가죽에 졸업한 대학의 이름과 내용을 새겨주었다. 이런 전통에 기인해서 양가죽 효과라는 말이 생겼다. 전통적으로 교육을 많이 받은 사람이 노동임금도 많이 받았다. 단지 정규교육만 받으면 수여되는 졸업장만 가지고 있어도 교육을 제대로 받지 못한 사람의 임금보다 많이 받는 것이다. 이처럼 졸업장을 가지고 있으면 상대적으로 많은 임금을 받는 것을 '선별이론'이라고 한다.

선별이론에서 가장 많이 예를 드는 것이 바로 양가죽 효과다. 양가죽에 새겨진 졸업장이 그 사람의 능력을 표현하는 것이다. 선별이론은 교육을 받았다는 사실만으로 사람을 선별한다는 의미다. 모든 사람은 태생적으로 가지고 있는 능력이 있고 교육을 통해서 능력이 계발된다. 또한 자신의 능력에 대해서 스스로 더 잘 알고 있는 사람이 졸업장을 신호기재로 사용하는 것을 '신호이론'이라고 한다.

학원 강사의 학벌은 졸업장으로 증명된다. 좋은 학벌을 가지고 있다는 사실만으로 능력 있는 강사로 선별되는 것이다. 학벌이 좋지 않은 강사들도 일부 선별된다.

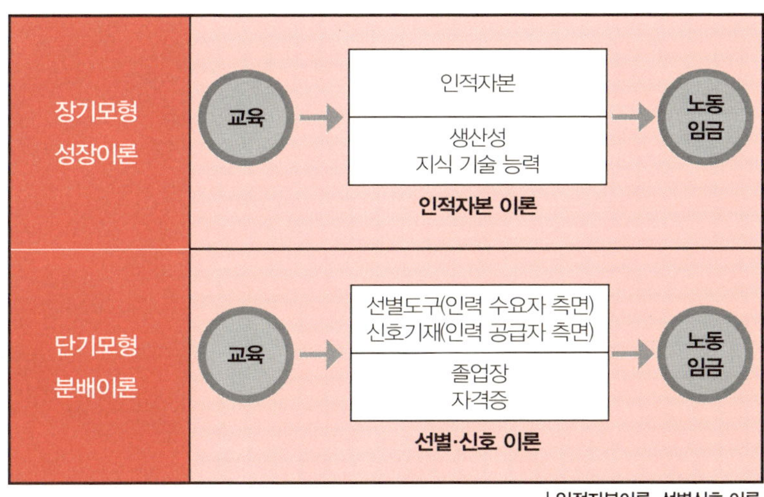

| 인적자본이론, 선별신호 이론
출처:백일우 저 「교육경제학」

이렇게 강사를 나누는 선별기준은 우리가 사회에서 항상 경험했기 때문에 큰 충격으로 다가오지 않는다. 선별은 여기서 끝나지 않는다. 부가적으로 정교사 자격증이나 대학원 졸업장은 또 다른 선별기준이 된다. 때문에 더 상위 교육기관에 진학하여 공부한 사람은 선별되기 위해서 자신이 뛰어나다는 사실을 사회에 알리기 위해 신호를 보낸다.

강한 강사가 뛰어 넘어야 하는 학력

| 학력과 학벌은 강사에게 어떤 의미일까?

강의를 하는 입장에서 학력에 대한 부담을 가지지 않는 강사는 한 명도 없을 것이다. 학원 관계자와 학생, 학부모들은 일명 '스카이SKY 대학' 출신 강사라고 하면, 그들의 학력 만큼 강의 능력과 연구 능력을 가졌을 거라고 기대한다. 기대한 만큼 충족되면 괜찮겠지만 학벌이 좋은 강사가 강의 능력이 신통치 않다면 어떻게 생각할까? 명문대를 졸업한 강사들에게 기대가 큰 것처럼 서울 중위권 대학이나 지방대 출신 강사들에게는 '강의를 잘할까?'라는 의구심을 갖는다.

학벌이 그저 그런 강사들이 학생들을 잘 가르칠까?

학생들이 질문하면 잘 대답해 주려나?

명문대를 나오지 않은 강사에게 배운 학생이 명문대에 진학할 수 있을까?

가르치긴 잘 가르치는데 상담을 잘못하면 어쩌지?

학생들을 가르치기 위해서 노력은 할까?

명문대를 나오지 않은 강사들은 학원 관계자뿐만 아니라 학생, 학부모들이 갖는 이런 의구심을 해결해야 한다. 이런 의구심을 해결하는 게 학생을 가르치는 것보다 더 어려울 수도 있다.

아리스토텔레스는 상대방을 설득할 때 '에토스ethos', '파토스pathos', '로고스logos'라는 세 가지 요소가 필요하다고 주장했다. 에토스는 명성, 신뢰감, 호감 등 메시지를 전달하는 사람의 인격적인 측면이다. 에토스는 사람들을 설득하는 데 60% 정도 영향을 미친다. 파토스pathos는 공감, 경청 등으로 친밀감을 형성하거나 유머, 공포, 연민 등 감정을 자극해서 상대방의 마음을 움직이는 감정적인 측면이다. 파토스는 사람들을 설득하는 데 30% 정도 영향을 미친다.

마지막으로 논리적인 근거나 실증적인 자료 등으로 상대방의 결정을 정당화시킬 수 있는 근거를 제공하는 논리적 요소인 로고스는 설득하는 과정에서 10% 정도 영향을 미친다. 아리스토텔레스의 설득과정에는 크게 세 가지 요소가 작용한다고 설명했지만 설득하는 과정에는 수없이 많은 메시지들이 포함되어 있다.

강사도 강의를 통해서 수업 내용 외에 여러 가지 지식을 전달하고 때로는 학생들이 수긍할 수 있게 설득해야 한다. 학생들 앞에서 강의하는 강사에게도 '에토스ethos', '파토스pathos', '로고스logos'에 해당하는 인격적 측면, 감정적 측면, 논리적 측면이 있다.

학력은 아마도 에토스에 포함될 것이다. 수업을 받는 수험생에게 강사의 학력은 하나의 메시지로 작용한다. 강사의 학력은 인격적인 요소지만 감정적으로, 논리적으로 보완한다면 충분히 학원 관계자, 학생과 학부모를 설득할 수 있다. 이것은 어디까지나 강사의 몫이다.

강사를 알리는 정보 가운데 오류가 가장 많은 부분이 '학력'이다. 강사가 자신의 실제 학력을 속이지 않더라도 학원장이나 학원 관리자에 의해서 출신 학교가 잘못 전달되는 경우가 상당히 많다.

자의든 타의든 학력에 대한 정보가 잘못 전달되면 강사는 신뢰성에 큰 영향을 받는다. 요즘은 학력도 인터넷에서 확인할 수 있지만 학원가에서 강사의 출신 학교를 물어보는 것이 금기시 되던 때도 있었다.

경기도 일산의 한 학원에서 실제로 이런 일이 있었다. 중학생들에게 수학을 가르치던 강사가 학생들을 잘 가르친다는 소문이 났다. 이 강사는 학원을 크게 열고 본격적으로 사교육 시장에 진출했다. 욕심을 더 내서 고등부 수학도 강의하면서 학원의 학생수는 점점 늘어났다.

그런데 문제가 생겼다. 중학생을 지도할 때 학생들에게 자신이 S대 출신이라고 거짓말을 했는데 학생과 학부모들 사이에 공공연한 사실이 되어있었던 것이다. 중학생을 지도하던 당시에 강사는 고등학생까지 지도하리라는 예상을 하지 못했다. 과거에 수업 중에

했던 거짓말이 나중에는 강사의 신뢰성 여부를 판단하는 기준이 돼버린 것이다. 나중에 S대 출신이 아니라는 사실이 밝혀진 후에 학원에 작은 문제가 발생하면 학생과 학부모들은 강사가 또 뭔가를 속인다면서 수군거리곤 했다.

| 학력은 단지 출발선에 불과하다

'강사'라는 직업을 선택했다면 분명히 인정할 것이 있다. 학벌 인센티브는 분명히 존재한다는 것이다. 학벌이 좋은 강사와 상대적으로 학벌이 좋지 않은 강사는 출발선이 다름을 인정해야 한다. 학창시절에 열심히 공부해서 좋은 성적을 받은 사람들이 사회에서 앞선 출발선에 서는 것은 당연한 일이다. 불공평하다고 생각해서는 안 된다. 하지만 출발선이 조금 앞서 있을 뿐이다. 사회생활을 시작할 때 기회가 좀 더 많다는 것을 제외하면 다를 게 없다. 출발선에서 조금 앞서 세워 줄 뿐 그 이상은 혜택을 주지 않는다.

궁극적인 목표는 능력있는 강사로 성공하는 것이고, 높은 연봉을 받는 강사가 되는 것이다. 출발선보다 조금 앞선 위치에서 출발했다고 성공한다는 보장은 없다. 도착하는 지점에 어떤 결과가 있을지는 아무도 모르는 일이다.

개인적인 경험에 비추어 보면 사회생활을 시작할 때 학벌이 가진 힘은 상당히 크다. 수강생들은 학벌이 좋은 강사와 학벌이 좋지 않은 강사 중 당연히 학벌이 좋은 강사를 선택한다. 하지만 좋은 학벌이 주는 혜택은 여기까지다. 그 다음부터는 각자가 어떻게 하느냐에 달려있다. 강사의 능력은 학벌이 아니라 학생들이 좋은 결과를 얻을 수 있도록 가르치는 것이다. 어떤 결과를 만들지는 강사의 노력에 따라 달라진다. 꼭 명문대학을 나오지 않았더라도 강사로서 성공할 수 있다. 가르치는 능력을 키운다면 학력은 중요하지 않다. 잘 가르친다는 소문이 나고 강사의 이름이 알려지면 학력은 큰 문제가 되지 않는다.

소위 말하는 '일타 강사'들의 학력을 보면 상위권 대학을 나오지 않은 강사들이 많다. 강의를 잘해서 강사로서 이름을 알린 일타 강사들은 최고의 위치에 오르기까지 엄청난 시간과 노력을 들여서 자기계발을 했다.

인터넷에서 강의를 하는 A강사는 4년제 대학을 졸업하지 못했다. A강사는 처음에는 학원에서 강의를 하지 못했다. 학원가에서 아르바이트로 시작해서 인터넷 강의를 하는 유명 강사로 거듭났다. 일반 학원에서는 보통 수준으로 강의해도 강사로 일하는 데 문제가 없지만 인터넷에서 강의하려면 실력을 인정받아야 한다. A강사는 정말 밑바닥부터 경험하면서 실력을 다져서 최고의 자리에 올라섰다.

A강사는 처음에 독한 학원 경영자를 만나서 모질게 사회생활을 배웠다. 언어영역도 강의하고 수학, 과학 과목도 강의하고 사회 과목도 강의했다. A강사의 얘기를 다시 들어도 믿어지지 않는다.

강의를 처음 할 때는 고등학생을 대상으로 여러 가지 과목을 수업했다. 이런 노력이 서서히 빛을 보면서 A강사는 자신 있는 영역을 찾았다. 실력을 차곡차곡 쌓아서 걸림돌이었던 학력을 노력으로 극복한 것이다. 이제는 탐구영역 선생님으로 학원가에서 완전히 자리를 잡고 다른 영역의 과목도 강의하면서 과목들 사이에 관계에 대해서 많은 연구를 했다.

여러 과목을 강의하면서 강의노하우를 쌓았고 학생들이 궁금하게 생각하는 부분은 과목이나 학습 내용 이외에도 상세하게 설명한다. A강사의 수업을 듣다보면 고등학교 과목들을 넘나들면서 핵심 내용을 자세히 설명하는데 감탄이 절로 나올 정도로 박식함이 느껴진다.

사회생활을 시작할 때 학력은 정말 중요하다. 하지만 학력이 족쇄는 아니다. 학력이 낮다고, 명문대학 출신이 아니라고 한탄만 해서는 안 된다. 과거는 과거일 뿐이다. 학력이 주홍글씨처럼 강사의 앞날을 암울하게 하지는 않는다. 시작이 조금 어려울 뿐이다.

명문대 출신이라고 해서 다른 강사들보다 조금 앞서 출발했다고 자만해서는 안 된다. 나는 많은 강사들을 만나면서 여러 가지 경험을 했다. 학벌에만 의존하고 노력하지 않는 강사들은 얼마 못가서 자멸하고 만다. 학벌만 내세운 수많은 강사와 원장들이 그랬다. 과거의 학벌에 의존하고 미래에 다가올 변화를 준비하지 않은 강사들은 좋은 결과를 만들지 못한다.

명문대 출신 B강사의 이야기를 해보겠다. B강사는 진골眞骨이라고 불리는 명문 사범대를 훌륭한 성적으로 졸업했다. 학원가에서도 프로필만 보고 인정할 정도로 스펙이 좋았다. 하지만 거기까지였다. B강사는 불평이 정말 많았다. 지도하는 학생들에게 수업 중에 불평을 했다. B강사가 학생들에게 불평을 한다는 얘기는 학부모들의 귀에 들어갔고 결국 학원 측에도 알려졌다.

수업을 하다가 학생들이 제대로 이해하지 못하면 '이것도 모르니?', '머리가 확실히 나쁜 것 같아!', '이렇게 하다가는 분명히 너 그 대학에 떨어진다'처럼 학생들에게 금기시 되는 언행을 수시로 했다고 한다. B강사는 나와 친분이 있던 사이여서 그런 말을 들었을 때 내가 부끄러울 정도였다. 특히 학부모들과 관계가 원만하지 않다는 얘기에 한숨이 절로 나왔다. 학부모와 상담할 때는 '애는 이래서 안 돼요', '이런 애는 고액과외를 하는 수밖에 없어요' 등의 말을 서슴지 않고 했다.

명문대 출신의 B강사는 학생과 학부모에게 나쁜 인상을 주었고 그 지역 학원가에서 잊혀져갔다. 시간이 한참 지난 후에 나를 찾아와서 하소연했다. 왜 학생들 자신을 싫어하는지 모르겠다고 하면서 학생들 수준이 너무 떨어져서 수업하기 어렵다는 얘기를 했다.

우리는 학력이라는 출발선을 과감하게 인정해야 한다. 학력은 분명히 뛰어넘어야 할 산이다. 학력이 부족하다고 생각되면 노력으로 뛰어넘고 학생과 학부모에게 신뢰를 얻기 위해 노력해야 한다. 그러면 학력이라는 걸림돌은 어느 순간 사라질 것이다. 학력이 뛰어난 강사라면 남들보다 앞서서 출발했다고 자만하지 말고 학창 시절처럼 열심히 노력해서 좋은 학벌을 얻은 것처럼 지속적으로 노력해야 한다.

| 강의는 깨끗한 승부의 세계다

인터넷이 발달된 요즘은 신조어들이 많이 나온다. 시대 상황을 잘 나타내는 말들은 유행어가 되기도 하고 사람들에게 쓴웃음을 주기도 한다.

이태백 – 이십대의 절반은 직장을 얻지 못한다.
삼팔선 – 38세까지 직장에서 일을 할 수 있다. 40대 일자리가 보장되지 않는 위기감을 표현한 씁쓸한 말이다.
사오정 – 45세가 정년이라는 표현이다. 한참 일할 나이에 조기 퇴직하는 현상을 나타낸다.
오륙도 – 56세에 직장에 있으면 도둑이라는 의미다. 직장에 근무하는 장년층에게 섬뜩한 말이다.

시대적인 상황이 개탄스럽지만 이런 신조어들은 우리 사회를 보여주는 자화상이다. 직장에서 흔히 말하는 것처럼 줄을 잘 서야할 때도 있고, 왜 직장을 잃어야 하는지 모르는 채로 회사 문을 나서는 사람들도 많다.

직장인들에 비해서 강사는 매력적인 직업이다. 물론 노력하기 나름이겠지만 학원가처럼 깨끗한 승부의 세계도 없다. 남들 눈치를 볼 필요도 없다. 그리고 수강생을 상대로 한 비리도 있을 수 없다. 줄을 대서 수강생을 모아서 성공한 강사도 없고 돈을 들여서 수강생을 모은 강사도 없다. 한순간의 유명세를 이용하거나 막대한 자본을 들여서 많은 수의 수강생을 모으더라도 실력이 없으면 오랜 시간이 지나지 않아서 떠나버린다.

이렇게 수강생을 모은 강사는 진정한 가르침과 사제 간의 관계를 모른다. 강사는 어느 누구보다 프로 의식이 있어야 하고 부단한 노력이 필요하다. 학원가에서는 노력한 만큼 보상을 받는다. 학원장에게, 학생에게, 학부모에게 아부할 필요도 없다. 실력을 인정받으면 학원장, 학생, 학부모들이 저절로 모인다. 학원가에서 강사는 실력을 인정받으면 그걸로 성공할 요건을 모두 갖춘 것이다. 능력이 있는 강사를 찾는 학원은 수도 없이 많다. 학생들을 몰고 다니는 강사는 직장에서 일하는 직원들처럼 상사의 눈치를 보지 않아도 된다.

모두에게 능력을 인정받은 강사는 원장과 대등한 입장에서 협의할 수 있다. 때로는 큰소리를 칠 수도 있다. 과연 어떤 직업이 이런 행동들을 가능하게 할까? 노력한 만큼 댓가를 받는 깨끗한 승부가 이루어지는 곳이 바로 학원가다.

그런데 한 가지 전제가 있다. 깨끗한 승부를 펼치기 위한 상황, 즉 노력한 만큼 댓가를 받는 상황을 강사가 스스로 만들어야 한다는 것이다.

말콤 글래드웰은 『아웃라이어』에서 '10,000시간의 법칙The 10,000 Hour Rule'을 소개했다. 심리학자인 K. 안데르슨 에릭손K. Anders Ericsson은 베를린 음악 아카데미에서 학생들을 세 그룹으로 나누어 관찰했다. 아이들은 모두 다섯 살 전후에 음악 아카데미에서 연주를 시작했다. 처음에는 거의 일주일에 두세 시간 정도 연주를 했다. 음악 아카데미에서는 아홉 살이 되면 여섯 시간, 열 살이 되면 열두

시간으로 연주하는 시간이 늘어난다. 이렇게 어릴 때부터 누적된 연주시간을 따져보니 아마추어 피아니스트는 스무 살이 될 때 까지 총 2,000시간 정도의 연습을 하지만, 프로 피아니스트는 스무 살이 되면 무려 10,000시간을 연습을 한다는 것이었다.

신경과학자 다니엘 레비틴Daniel Levitin은 어느 분야에서든 세계적인 수준의 전문가가 되기 위해서는 10,000시간의 연습이 필요하다는 연구결과를 내놓았다. 작곡가, 야구선수, 스케이트선수, 피아니스트, 체스선수, 위대한 음악가 비틀스, 빌 게이츠, 심지어 숙달된 범죄자까지도 10,000시간의 법칙을 벗어나지는 않았다.

강사에게도 10,000시간의 법칙은 적용된다. 학력도 10,000시간의 법칙에 따른다. 공부한 시간만큼 더 좋은 대학, 더 좋은 학벌을 갖게 된다. 학창시절에 노력을 많이 할수록 명문대학에 진학할 확률이 높아지고 명문대학에 합격한 학생들은 대부분 10,000시간 동안 공부했을 것이다. 학창시절에 노력을 덜 했다면 나중에 10,000시간을 채우기 위해서 더 많은 노력을 해야 한다.

학교 선생님의 일화를 소개한다. 경기도 안양의 Y고등학교에서 진학부장으로 학생들을 가르치는 선생님을 방과 후 학교 초청강의를 하면서 알게 되었다.

진학부장 선생님은 열정이 대단했다. 해마다 입시철이 되면 진학부장 선생님은 추운 날씨에도 거의 대부분의 입시설명회에 참석한다. 고등학교에서 진학을 담당하는 선생님이 입시설명회에 참석하는 게 이상한 일은 아니지만 여러 학교에서 열리는 입시설명회를 빠지지 않고 참석하는 건 보통 노력으로는 어렵다. 진학부장 선생님은 D사, M사, C사 등에서 일하는 우리나라에서 손에 꼽히는 입시전문가들과 상담하려고 무작정 찾아가기도 한다. 유명한 교육회사의 입시전문가들을 만나려는 이유는 학교에서 가르치는 학생들의 진학지도를 더 잘하려는 욕심 때문이다.

공교육에서 제공하는 정보보다 훨씬 더 많은 정보를 얻기 위해 사비를 쓰면서 발로 뛰어 다니는 진학부장 선생님의 노력에 나는 박수를 쳤다. 그리고 내 자신이 부끄러웠다. 내가 조금만 더 노력하면 어렵지 않게 얻을 수 있는 정보들을 진학부장 선생님은 자신의 노력을 통해서 힘들게 얻었다. 학생들을 지도하기 위해서 고생을 마다하지 않는 모습에 진정한 교육자의 모습을 볼 수 있었다. 이 선생님을 보면서 공교육을 하는 선생님들에 대한 편견을 깨트리는 기회가 되기도 했다.

공교육에서도 10,000시간의 법칙을 충족시키면 많은 사람들이 인정하는 입시전문가가 될 수 있다는 사실도 알게 되었다. 나는 진학부장 선생님과 가끔 전화통화를 한다. 공교육을 하는 선생님이 사교육 관계자와 담을 쌓는 게 아니라 먼저 다가와서 사교육기관의 강사와 관리자들의 능력을 인정해 주는 모습이 참으로 존경스러웠다.

진학부장 선생님과 전화통화하면서 때로는 농담도 한다.

"이제 공교육에서 그만큼 알려지셨으니 사교육으로 오셔서 이쪽에도 은덕恩德을 베푸셔야죠!"

진학부장 선생님은 이렇게 대답한다.

"학원가면 해 떨어지고 퇴근해서 싫어!"

내가 지켜본 진학부장 선생님은 해가 떠있을 때 퇴근한 적이 없었던 같은데 이런 말을 하는 걸 보면 학생을 위하는 진정한 교육자라고 생각된다.

| 나만의 매력을 발산하라

『회사가 붙잡는 사람들의 1% 비밀』_{신현만 저}에는 '뽑을 땐 학벌이지만 키울 땐 충성도다'라는 표현이 있다. 아주 재미있는 표현이다. 이 표현을 좀 더 확장해서 생각한다면 강사를 선택하는 우선적인 요인은 학벌이지만 결국 수강생들에게 얼마만큼을 알려주고 바른 길을 제시하는 지가 중요하다는 의미로 해석할 수 있다.

강사로서 사회생활을 시작한다면 자신의 위치를 확인하고 나만의 매력을 발산할 준비를 해야 한다. 이미 강사로 일하고 있다면 깨끗한 백지상태에서 자신의 미래를 그려 보아야 한다.

매력을 발산하려면 우선 나만의 매력을 찾아야 한다. 매력! 참으로 묘한 표현이고 설명하기 어려운 말이다. 친구, 동료, 가족 등 주변 사람들에게 물어보든 아니면 스스로 자신의 매력이 무엇인지를 찾아야 한다. 매력을 찾는 방법을 구체적으로 설명할 수는 없지만 이 과정은 정말 중요하다. 사람을 판단하는 요인은 여러 가지다. 주변 사람들에게 나의 장점을 각인시킬 수 있는 사람은 그리 많지 않다. 선한 이미지, 강한 카리스마, 항상 웃는 얼굴, 섬세

함, 꼼꼼함 등 사람들이 느낄 수 있는 나의 장점이 매력이고 그것을 발산해야 한다.

매력만큼 중요한 것이 강사로서 지켜야 하는 생활 규범이다. 학원에 소속된 강사는 직장인들과 생활 패턴이 비슷하다. 일을 하다 보면 불평불만과 시기, 질투가 생긴다. 하지만 일반 직장인처럼 불평하고 시기하고 질투한다면 강사로서 자질을 의심하게 된다. 학원도 보통의 직장과 같지만 가장 차이가 나는 것은 교육이 이루어지는 장소라는 점이다. 교육은 일관성이 있어야 하고 팀워크가 중요하다.

원장은 학생들 앞에서 모범을 보이고 모든 일에 열정적인데 강사는 학생들이 보든 말든 휴가 갈 궁리, 조금이라도 일찍 끝낼 궁리를 한다면 강한 강사로 성공할 수 없다. 강사로 성공하려면 학원이라는 직장에서 모범을 보여야 한다. 강사가 모범을 보이면 수강생들은 저절로 모인다. 모범을 보이는 강사는 학원의 성장에 밑거름이 된다. 학원의 성장은 곧 강사의 성장이기도 하다.

학력을 깨는 최선책은 공격이다

| 강한 강사는 방어적으로 끌려 다니지 않는다

커피 원두로 많이 사용하는 커피종은 '로부스타'와 '아라비카'다. 일반적으로 로부스타 커피는 쓴맛이 강해서 인스턴트 커피나 시중에 유통되는 블랜드 커피에 이용된다. 저렴하게 공급되기 때문에 블렌딩blending이라는 과정을 거쳐서 커피맛을 내는 데 쓰인다. 하지만 아라비카 커피종 가운데 고산지대에서 재배된 아라비카 커피는 풍부한 맛과 향 때문에 최고의 커피로 평가된다.

세계적으로 유명한 스타벅스 커피전문점이 유명해진 계기도 고산지대에서 재배한 아라비카 커피를 사용했기 때문이다. 스타벅스가 탄생할 당시 미국에서는 커피맛이 떨어지지만 구하기 쉬운 로부스타 커피가 시장에서 많이 팔렸다. 하지만 스타벅스는 싸고 구하기 쉬운 로부스타 커피를 선택하지 않았다. 풍부한 맛과 향을 내는 아라비카 커피로 고객에게 다가섰다.

현재 스타벅스는 전 세계에 2000여 개의 체인점을 갖출 정도로 성장했지만 미국내 1호점을 오픈한 1971년에는 미국의 경기가 좋지 않았고 1인당 커피 소비량이 감소하던 시기였다. 대외적인 상황이 좋지 않은 시기였지만 스타벅스는 아라비카 커피의 맛과 향으로 고객들을 입맛을 사로잡았고 어려운 시장의 상황도 극복할 수 있었다.

모든 회사는 특별한 상징이 있어야 한다. 스타벅스는 훌륭한 고급커피의 맛과 향에 창업자의 열정을 커피에 담았다. 스타벅스는 고객들이 원하는 것을 제공하는 기존의 커피전문점과 다르게 쉽게 경험할 수 없었던 커피의 진한 맛과 분위기를 고객들에게 제공했다. 제품이 좋다고 광고하면서 고객에게 다가가기보다 커피의 맛과 향으로 고객을 끌어모았고 스타벅스를 다시 찾게 만들었다.

강한 강사는 시대의 흐름이나 유행에 끌려가면 안 된다. 자기만의 스타일로 공격적으로 승부해야 한다. 스타벅스처럼 자기만 가지고 있는 특징, 상징을 찾아야 한다. 수험생이 모르는 것, 수험생이 요구하는 것만을 가르치는 게 아니라 더 좋은 내용을 준비하고 기다리며 시장을 선도해야 한다.

잘 차려진 밥상에 그냥 수저만을 올리려 한다면 출발부터 잘못된 것이다. 직접 곡식과 야채도 재배해야 하고 쌀도 수확해야 한다. 직접 반찬도 만들고 밥도 지어서 상을 차릴줄 알아야 한다. 하지만 수많은 강사들을 곁에서 지켜보면 공격적이고 진취적인 생각을 하지 못하는 것이 겉으로 드러난다. 단 한 명의 수강생, 혹은 몇만 원의 강사료를 받고 강의할 수도 있다. 진정한 프로 강사를 꿈꾼다면 이런 상황을 이겨내고 자기만의 방식을 만들어야 한다.

수강생들은 강사의 강의를 듣기 위해서 인생에서 소중한 시간을 할애한다. 수강생 한 명 한 명이 강사의 도움을 절실히 필요로 한다. 강의를 한 대가로 주어지는 강사료는 강사로서 성장하는 데 종잣돈seed money이 된다.

강사료를 종잣돈이라고 표현하는 이유를 말해주는 일화가 있다. 단과강의를 개설했는데 수강생이 한 명이었다. 주변에서는 폐강을 권했지만 나는 주저하지 않고 개설한 강의를 진행했다. 강사료로 13,200원이 통장에 입금되었다. 나는 한 달 동안 학생 한 명을 위해서 강의했다. 수강생은 한 명이었지만 강의실에서 여러 명 앞에서 수업했을 때와 같이 칠판에 내용을 정리하면서 수업했다.

얼마 지나지 않아서 수강생 한 명으로 개강한 단과강의는 소문이 났다.

"저 선생님은 수강생 한 명이라도 강의해요."

생각해보면 그 단과강의는 나에게 매우 좋은 기회였다. 여러 학생들 앞에서 내가 새롭게 시도하려는 교수법을 시험해 볼 수는 없다. 하지만 강의를 하면서, 경력을 쌓으면서, 적은 강사료지만 돈을 벌면서 강의 노하우를 축적할 수 있는 좋은 기회였다. 수강생 한 명으로 시작한 단과강의는 나중에 5개 반으로 만들어졌고 정원이 마감될 정도로 인기 강좌가 되었다.

공격적인 시도는 항상 위험이 따른다. 주변 사람들이 이상하게 생각할 수 있다. 하지만 강한 강사는 더 공격적인 모습을 보여줘야 한다. 강의 스킬도, 강의 스타일도, 교재 연구도, 상담에서도 더욱 강력하게 새로운 모습을 보여줘야 한다. 남들이 오래 전에 만들어 놓은 강의와 교수법을 따라 하는 것은 방어적인 강사의 모습이다. 여러 강사들이 이미 하고 있는 강의를 하면 나만의 특징을 만들 수도 없고 강사로서 성장할 수도 없다.

| 진정한 경쟁을 통해서 만들어진 강의를 하라

'주는 수업'과 '만드는 수업'이 있다. 주는 수업은 말 그대로 안정된 봉급과 고정된 수강 인원을 다른 강사와 경쟁하지 않고 학원이나 수강생을 유치하는 쪽에서 마련해 주는 것이다. 강사는 잘 갖춰진 학원이나 교육기관에서 강의만 하면 된다.

강사는 강의에만 전념하면 되기 때문에 정말 편하다. 그런데 안타깝게도 이런 수업을 하는 강사는 학원에 끌려 다닐 수밖에 없다. 이름이 알려지기 어렵고 학원 시스템에서 절대로 벗어날 수 없다. 주는 수업을 하는 강사가 학원 시스템을 벗어난다면 당연히 수입도 줄어든다. 이런 강사들은 절대로 공격적으로 새로운 교수법을 개발하지 않는다. 방어적인 강의만 한다.

억대 연봉 강사로 성장하려면 절대로 다른 사람이 차려주는 밥상을 기대하면 안 된다. 강사가 직접 수업을 만들어야 한다. 경쟁에서 이기기 위해서 새로운 강의를 만들어야 한다. 경쟁의 세계에서는 다른 강사보다 강의를 더 잘하기 위해서 노력해야 한다. 다른 강사의 강의보다 잘하기 위해서 노력한 결과가 좋다면 많은 것을 얻게 된다. 만약 다른 강사의 강의보다 못하더라도 새로운 강의를 개발하는 과정에서 배우는 것이 있다.

한때 논술분야 강의로 유명했던 P사에서 팀을 이루어 강의를 진행했을 때 이런 일이 있었다. 내가 팀장을 맡고 두 명의 선생님과 함께 팀을 이루어서 강의와 교재를 개발했다. 강의와 교재 개발, 집필 등 여러 가지 일을 동시에 했기 때문에 몸은 힘들었지만 그때만큼 흥에 겨워 밤을 새며 일해 본 적도 많지 않다.

논술 과목이 중요해지던 시기였지만 제대로 된 논술 교재는 서점에 찾아보기 어려웠다. 잘 만들면 내가 만드는 교재가 논술 교재의 기준이 될 수도 있는 기회였다. 이전에 없던 교재를 개발하기 위해서 참고 서적은 모조리 사서 산더미처럼 쌓아놓고 보았지만 수험생의 눈높이에 맞춘 교재를 개발하는 일은 쉽지 않았다.

오랫동안 작업했지만 완성단계에서 난이도 조절에 실패해서 다시 처음부터 집필하기도 했다. 또 교과과정을 너무 벗어나서 수정도 많이 했다. 심지어 질문을 제대로 이해할 수 없는 문제들을 만들기도 했다.

이런 실패들로 인해서 육체적으로 매우 힘든 시간을 보냈지만 함께 일한 선생님들과 많은 교감을 나눌 수 있었다. 나를 포함해 세 명이 함께 일하면서 서로 자극해주고 자연스럽게 경쟁도 했다.

P사의 계열 학원에 보낼 예상문제를 만들어서 본사로 보내기 전

날 있었던 일이다. 고민에 고민을 거듭한 끝에 문제를 만들었고, 본사와 교재 내용을 주고받으며 새벽 5시가 다 돼서야 일을 마칠 수 있었다. 그날 밤을 새며 만든 문제에는 열심히 연구한 흔적들이 녹아 있었다. 시중에서 판매하는 문제집에는 한 번도 실리지 않은 기발한 문제들이었다. 그런데 본사에서는 심각한 문제가 발생해서 교재 출간이 늦어질 수 있다는 말을 했다.

우리 팀은 좋은 문제를 만들겠다는 의지에 불타서 열심히 노력했는데 다른 팀에서 한 선생님이 문제를 출제하기 위해 인용한 지문이 저작권을 침해했다는 것이었다. 아주 심각한 수준이었다. 다른 곳에서 출제한 문제를 토씨하나 바꾸지 않고 출처도 표시하지 않고 그대로 쓴 것이다. 무엇보다 출제자와 상의를 하거나 인용허락을 받지 않고 그대로 베껴서 출제한 사실이 밝혀지면서 우리 팀에서 밤새워 만든 문제까지 빛을 보지 못하는 상황이 되었다. 다른 곳에서 출제한 문제를 그대로 쓴 선생님는 끝까지 아니라고 했지만 오히려 비양심적인 사람으로 낙인이 찍혔다.

경쟁은 참으로 오묘하다. 선의의 경쟁은 강사들에게 한 단계 뛰어 오를 수 있는 날개를 달아주지만, 반대로 경쟁을 피하면서 쉬운 길을 찾으면 스스로 날개를 꺾어 버리는 결과를 초래하기도 한다.

| 자신을 저급하게 만들지 마라

손자병법에는 이런 말이 있다.

孫子曰(손자왈)

凡用兵之法(범용범지법), 將受命於君(장수명어군), 合軍聚衆(합군취중)

圮地無舍(비지무사), 衢地合交(구지합교), 絶地無留(절지무류), 圍地則謀
(위지즉모), 死地則戰(사지즉전)

"손자가 말하기를

장수는 무릇 병사의 법은 장수가 명을 받아 군대를 모으고,

꺼진 땅(구릉이나 분지 같은 곳)에 머물지 말고,

번화한 길이 마주하는 곳(교차로 사거리 등)에서는 이웃과 외교를 맺고,

앞이 끊어진 곳(절벽이나 강 등)에서 머물지 말며,

포위된 곳에서는 즉시 계략을 쓰고,

사지(死地)에서는 즉시 싸워야 한다."

塗有所不由(도유소불유) 軍有所不擊(군유소불격), 城有所不攻(성유소불
공), 地有所不爭(지유소불쟁), 君命有所不受(군명유소불수).

"길에는 가지 않아야 하는 길이 있으며,

군대에도 치거나 돌격하지 말아야 하는 것이 있고,

성(城)에도 공격하지 말아야 하는 것이 있으며,

땅에는 다투지 말아야 하는 곳이 있고,

군주의 명령에는 받아들이지 않아야 하는 것이 있다."

전쟁터에서 전쟁을 하는 장수가 꺼진 땅이나 끊어진 장소, 포위된 장소, 사지에 몰리면 순간적인 기지를 발휘하여 이기거나 아니면 빨리 그 장소를 벗어나야 한다. 정치적 타협이나 외교적 역량을 발휘할 수 있다면 싸우지 않고 이기는 것이 가장 훌륭한 방법일 것이다.

그런데 그 다음에 이어지는 손자의 말씀은 시대적 상황을 고려하면 그 통찰력이 대단하다는 것을 알 수 있다.

장수에게 길을 선택하여 진격의 경로를 택하고, 그 장소와 상황에 맞게 공격의 여부를 결정하게 하고, 성城마저도 공격의 판단을 장수의 몫으로 두었고, 땅에 대해 부족部族이나 국가 간 논란이 발생할 때를 대비해 장수에게 결정권을 주었다. 당시의 상황을 생각한다면 장수에게 엄청난 독자적인 권한을 부여한 것이다. 그런데 압권은 마지막 문구에 있다.

君命有所不受(군명유소불수)

이 글의 의미를 이해한 순간 멍해지는 느낌이 들었다. 왕이 있는 군주 시대에 병사들의 목숨이 오가고 국가의 흥망성쇠가 결정되는 전쟁터에서 어떻게 왕의 명령을 거부할 수 있었을까? 그건 어찌 보면 더 무서운 의미가 내포되어 있는 것이다.

장수가 스스로 상황을 판단함에 있어 왕의 명命에 대항할 정도라면 그건 최대한 신중하게 목숨과 바꿀 수 있을 정도의 중요한 상황일 것이다. 또한 그 판단의 결과와 책임은 장수가 지게 된다. 장수의 자존감이 없다면 왕의 명에 대항하는 것은 절대 불가능하다.

학원을 인수했다가 계획대로 운영되지 않아서 문을 닫았던 경험이 있다. 학원을 인수할 당시에 구상했던 아이템은 매우 좋았다. 영어 도서관이 처음 생길 때 있었던 일이다. 학생들 스스로 책을 읽게 하고, 책 읽는 습관을 지도하며 책을 읽은 느낌을 영어로 애기하는 공간으로 학원을 만들려고 했다. 더 많은 강사들을 채용하고 학생들을 지도할 수 있도록 독려하면서 강사들의 능력을 키워주려고 했다. 아이템이 너무 좋았기 때문에 규모를 확대해서 지점을 만들 계획까지 구체적으로 세웠다.

그런데 정확히 1년 동안 억 단위가 훨씬 넘는 손해를 보았고 결국 학원 운영을 그만두었다. 1년 동안의 결과만 보고 섣부른 판단이 아니냐고 묻는 사람도 있었지만 나는 학원 운영에 실패했다고 생각했다.

학원을 운영하는 과정에서 실망스러운 일들이 많았다. 가장 큰 문제는 나에게 있었다. 경영자로서 학원에 상주하지 않았고 바쁘다는 이유로 학원 시스템에 강사들과 학생들을 맡긴 나에게 문제가 있었다.

학원 운영을 포기하게 만든 몇 가지 큰 사건들이 있었다. 몇 가지 사건들은 학원 조직의 구조가 와해되었다는 현실을 반증해주었다. 학원의 책임 운영자가 강사회의와 간부회의를 하는 동안 태블릿 PC로 게임을 하는 모습을 보았다. 이런 행동을 용납할 수 없었지만 지적하기 싫었다. 왜냐하면 누가 말해줘서 고치는 것이 아니라 사회인으로서 기본적으로 지켜야 하는 일이라고 생각했기 때문이다. 하지만 그건 나 혼자만의 생각이었다. '한두 번이겠지'라고 생각했는데 감당할 수 없을 정도로 문제가 커졌다.

학원을 책임지고 운영하는 간부가 회의 중에 게임을 하는 행동을 보고 선생님들이 따라 하기 시작했다. 유심히 살펴보니 수업시간에도 게임을 하는 모습을 종종 볼 수 있었다.

학원을 오픈할 당시에 나는 강사들에게 2시에 출근해서 7시에 퇴근하는 환상적인 근무체제를 만들어주었다. 수업이 없는 시간에 나와서 무료한 시간을 보내는 것보다 강사들이 자기 시간을 효율적으로 활용하도록 개인시간을 많이 주었다. 휴식이 많으면 수업 준비도 더 열심히 하고 수업이 좋다는 소문이 나면 수강생도 늘어나서 매출도 늘어날 것이라고 생각했다. 나 혼자만의 착각이었다. 수강생은 늘지 않고 오히려 줄어들었다. 하지만 강사들은 학원 일과가 끝난 후에 자신들의 주머니를 채우기 위해 과외와 아르바이트를 하고 주말 근무를 피하기 위해 강사들 사이에서 날짜를 조정하기도 했다.

사태의 심각성을 알게 되었을 때는 이미 손을 댈 수 없을 정도로 학원 관리가 엉망이 된 후였다. 매력적인 아이템이었고 성장 가능성이 높았지만 관리를 제대로 하지 않은 탓에 실패한 학원이 되고 말았다.

강사는 자신을 저급하게 만들지 말아야 한다. 강사는 손자병법에서 말하는 장수와 같다. 스스로 판단하고 자신의 판단에 따라 책임감을 갖고 일해야 한다. 모두가 책임감을 갖고 일한다면 조직의 힘은 막강해진다. 강사로 발을 내딛은 이상 책임의식을 가져야 하고 무엇보다 자존감을 높이기 위해서 일해야 한다. 일반 직장인과 다르게 강사, 선생님 호칭을 듣는다면 잘못된 행동은 철저하게 하지 말아야 한다. 상황에 따라 올바른 행동을 하되 자신의 행동에 책임져야 한다. 강사 스스로 저급해지면 어느 학부모가 자기 아이를 맡기겠는가. 강사들이 잘못된 행동을 하면 동료들, 학생들도 잘못된 행동을 따라 하게 된다.

내 강의에는 비책이 있는가?

| 학생들의 머리에는 무엇이 남아 있을까?

강의를 듣고 귀가하는 학생의 머리에는 무엇이 남아있을지 생각해본 적이 있는가. 학생들에게 무엇이 남았는지 생각해보는 것은 정말 중요하다. 강사들은 학생들에게 많은 지식을 전달하려고 한다. 물론 맞는 말이다. 강의를 듣는 수강생의 입장에서는 학습량이 많을수록 좋다고 생각한다. 학습량이 많으면 결과적으로 성적이 향상되고 원하는 대학에 합격할 수 있다고 생각한다. 하지만 여기서 기억해야 할 것이 있다. 바로 강사의 이미지이다.

수업 중에 많이 배운 것 같은데 남는 것이 없다. "강사는 잘 가르치는 거 같은데…"라며 말꼬리를 흐린다면 강사로서 부족한 점이 있는 것이다. 강사는 학생들에게 기억에 남는 이미지를 만들어야 한다. '뚜렷하게 기억나는 하나의 테마', 또는 '많은 과제 때문에 저절로 한숨소리가 나지만 과제를 하고 나면 느끼는 성취함', '선생님을 믿고 설명한 대로 했더니 정말 목표를 달성했구나'라는 생각이 강사가 만들어야 하는 이미지다.

학생들에게 무언가를 남겨준다는 것은 매우 중요하다. 학원에서 강의한 경력이 많은 한 강사는 강의보다 수업 관리에 중점을 둔다. 대부분의 강사들이 강의가 중요하다고 생각한다. 하지만 무엇보다 학생들이 강사의 수업에 잘 따라 주는 것이 중요하다.

학생들이 수업내용을 제대로 이해하는지, 목표를 이루었는지, 좋은 성과를 내고 있는지 등을 강사가 파악해야 한다.

예를 들어, 한 강사의 별명이 '말려 죽여'였다. 신기한 것은 학원에 수강신청을 할 때 수강과목을 쓰는 칸에 학생들은 수강기호로 '말려 죽여'를 쓰는 것이었다.

처음에는 그 의미를 이해하지 못했다. 학생들을 어떻게 말려 죽인다는 건지 궁금해서 직접 물어보았다. 강사는 과제를 너무 많이 내줘서 학생들이 붙여준 별명이라고 했다. 너무나 웃긴 별명이었다. 그런데 과제가 너무 많으면 그 강사의 수업을 듣지 않으면 되는데 학생들은 '말려 죽여' 강사의 수업을 계속 들었다. 그 강사는 과제를 단순히 많이 내주는 것이 아니라 단원 내용과 학생들의 수준에 맞춰서 과제를 내주고 못해오는 학생이 없도록 관리하면서 더 심화된 내용의 과제를 내주었다.

강사는 솔직히 강의는 잘 못한다고 자평했다. 또한 학생들한테도 강의는 별로라며 놀림을 당한다며 웃었다. 그런데 이 강사의 철저한 과제 관리가 학생들에게 통한 것이다. 과제로 학업 성취도를 높이면서 학생들의 수준을 파악하고 교감한 것이다.

| 강의는 학벌로 하는 게 아니다

"학생들 앞에서 30년 동안 강의했지만 지금도 강의를 시작하기 전에는 긴장된다."

인터넷 강의를 오랫동안 해온 선배 강사가 했던 말이다. 선배 강사는 아직도 학생들에게 설명할 문제를 강의 시작 4시간 전에 다시 풀어본다. 강사는 늘 더 많이 노력하고 준비해야 한다. 중요한 것은 무턱대고 열심히만 하는 노력이 아니라 전략과 비책을 갖고 열심히 노력하는 것이다. 강의 중에 칠판에 무엇을 쓸 것이며, 무슨 색의 분필로 중요한 내용을 어떻게 표시할 것인지 또 그 내용을 강조하기 위해 어떤 표시를 할 것이며, 목소리 톤은 낮출 것인지 높일 것인지 등 모든 것이 잘 짜여진 시나리오처럼 나와 있어야 한다. 전쟁에서 싸우는 무사들처럼 전략과 비책이 강의에 숨어 있어야 학생들을 집중시키고 감동하게 만들 수 있다.

논술 분야에서 유명한 C강사는 H대학교를 나왔다. C강사는 보통의 강사들과 복장이나 수업 스타일이 달랐다. 그래서 학생과 학부모들에게 적잖은 불평을 듣기도 했다. 강사의 스타일이 다른 강사들과 달라서 학생들이 이질감을 느낀 것이다.

C강사는 나중에 논술 분야에서 손에 꼽힐 정도로 유명해졌다. 하지만 C강사가 유명해지기까지는 순탄치 않았다.

놀라운 것은 학생들이 이질감을 느끼도록 의도적으로 계획했다는 것이다. C강사는 강의할 때 택배기사가 입는 조끼를 입고 강의를 한다. 면도도 하지 않아서 단정해 보이지 않았고 수업 중에 욕설도 거침없이 내뱉는다. 여학생들이 비명을 지를 정도로 욕을 하지만 그 욕에 악의가 없다는 것을 학생들은 안다. 외모나 강의를 하는 모습이 낯설어서 초반에는 이질감을 느꼈던 것이다.

하지만 C강사는 학생들을 끌어들이는 능력이 있었다. 강의하는 실력은 해가 갈수록 향상돼서 나중에는 욕설 때문에 수업 내용을 기억하게 만드는 효과를 내기도 했다. 악의 없는 욕을 하면서 수업을 재미있게 하고 수업 후에도 학생들을 철저하게 관리했다. 수업이 끝난 후에도 학생들과 소통하기 위해 문자메시지를 주고받고 SNS로 질문에 답변하고 때로는 전화통화로 설명해 주는 것을 마다하지 않았다. 학생들은 C강사에게 진로에 대한 자기 생각을 감추지 않고 얘기했다. 학교 선생님보다 C강사가 학생에 대해서 더 많이 알고 있는 경우도 있었다.

강사는 새롭게 시작하는 공연의 1막을 준비하는 배우처럼 철저하게 준비해야 한다. 미리 치밀하게 무대에서 전달하고자 하는 내용을 철저하게 준비했다면 공연을 보는 관객들의 전달력과 집중력은 극대화된다. 강사들은 늘 해오던 강의이기 때문에 경력이 쌓이면 준비하지 않아도 큰 문제없이 강의할 수 있다. 하지만 강의할 때마다 새로운 내용을 준비하는 강사와 늘 하던 방식으로 강의하는 강사의 역량은 시간이 지날수록 차이가 벌어진다.

내가 지도할 학생은 누구인가?

|스타플레이어 출신 명감독이 많을까?

우리나라의 프로 스포츠 역사는 30년이 넘었다. 프로 스포츠 가운데 축구와 야구는 온 국민이 즐긴다. 특히 축구 국가대표 경기가 있는 날에는 거리가 한산해 질 정도로 인기가 뜨겁다. 월드컵 경기에서 수많은 사람들이 응원하는 모습을 보면 축구가 가진 응집력이 대단하는 것을 알 수 있다.

국내 스포츠 뉴스를 보면 축구 대표팀 감독에 대한 기사가 자주 나온다. 공교롭게도 축구를 비롯한 여러 가지 프로 스포츠 감독이 현역 시절에 스타플레이어가 아닌 경우가 많다. 여러 가지 이유가 있을 것이다. 선수 시절 스타플레이어였던 선수가 지도할 대상을 제대로 파악하지 못해서 명감독이 되지 못하는 것도 그 이유 중 하나라고 생각한다.

선수시절부터 각종 언론 매체와 팬들의 관심을 받으면서 뛰어난 능력을 발휘한 스타플레이어는 '나는 그때 이렇게 훈련해서 좋은 성적을 거뒀는데 지금 선수들은 왜 안 되지?'라는 접근으로 곤란을 겪는다고 한다.

강사도 마찬가지다. 지도하고 강의할 대상이 누구인지 파악하는 것이 중요하다. 학생이 강의 내용을 다 알고 있다면 아까운 수강료를 내고 시간을 투자해 가며 강의를 들을 이유가 없다. 강사는 공부하는 학생의 성적, 공부습관, 성격 등을 파악해야 한다. 대상이 초등학생이라면 초등학생의 눈높이에 맞게, 고등학생이라면 고등학생의 눈높이에 맞게, 성인이라면 성인의 눈높이에 맞추는 것이 중요하다. 강의할 때도 가르치는 대상이 알아들을 수 있는 단어들을 사용해야 한다.

인터넷 강의를 하다가 악성 댓글 때문이 혼이 난 적이 있다. 악성 댓글이 올라온 이유는 학생의 눈높이에 맞춰서 강의를 하지 못했기 때문이다. 개인적으로 중요하다고 생각하는 내용을 파워포인트에 정리해서 칠판에 빔 프로젝트를 통해서 보여주어 학생들의 이해를 돕고자 했다. 그런데 이것이 문제가 되었다. 학생의 눈높이를 너무 높게 잡은 것이었다. 학생들이 충분히 이해할 수 있다고 판단했던 풀이과정을 설명하지 않고 넘어갔다.

그렇게 설명한 이유는 파워포인트 자료에 예시답안을 보여주었고 인터넷 강의 사이트에 예시답안 자료를 첨부파일로 제공했기 때문에 학생들이 충분히 이해할 것으로 생각한 것이다. 이런 나의 생각은 큰 오산이었다. 예시답안을 보여주고 자료를 첨부파일로 제공했지만 학생들은 강의에서 세부적인 풀이를 요구했다. 예시답안과 자료도 좋지만 강사가 문제를 풀이하는 과정을 명확하게 설명해 주어야 한다는 댓글이 올라왔다.

"아이쿠!"

이미 촬영한 인터넷 강의를 되돌릴 수는 없었다. 시험은 코앞에 닥쳤고 다시 촬영하기에는 시간이 부족했다. 학생들이 등록하는 댓글들을 보며 가슴 아파하는 수밖에 없었다.

'내가 안다고 해서 학생들이 아는 것이 아니었는데…'

'좀 더 세밀하게 학생의 눈높이에 맞췄어야 했는데…'

'자료만 준다고 학생들이 이해하는 건 아니구나…'

나 스스로 계속 자책하며 다시는 이런 일이 일어나지 않도록 해야겠다고 결심했다.

스타플레이어 출신 감독은 '그때 나는 쉽게 잘 했는데 왜 안 되지?'라고 생각할 수 있다. 능력이 서로 다른 선수들의 눈높이를 고려하지 않았기 때문에 하게 되는 어리석은 생각이다.

에듀테인먼트, 재미있어야 강의다

세계는 끊임없이 변한다. 잠시도 멈추지 않고 하루가 다르게 변한다. 문제는 변화하는 속도가 아니라 방향이다. 어떤 방향으로 변화할지 예측하기 어렵다.

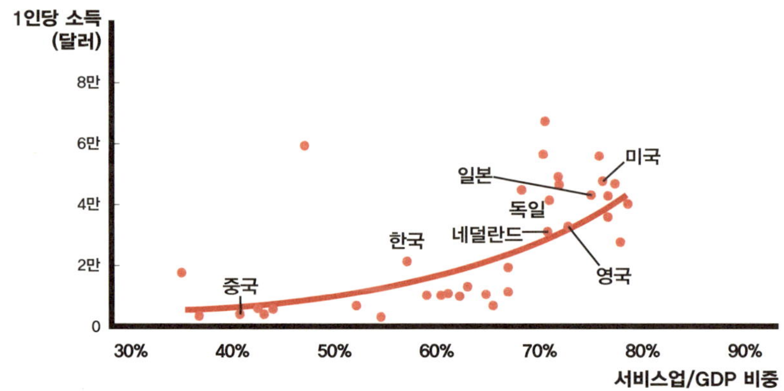

| 서비스업 GDP에 따른 변화를 1인당 소득으로 나타낸 그래프
출처:IMF

그래프는 IMF에서 여러 나라 서비스업의 GDP에 따른 변화를 1인당 소득으로 나타낸 것이다. 그래프를 살펴보면 공교롭게도 1인당 소득이 증가하면 서비스업의 GDP에 따른 비율도 증가한다.

우리나라는 선진국과 개발도상국의 중간 정도에 위치한다. 1인당 소득이 증가하면 서비스업의 비중도 증가하고 그만큼 다양한 형태의 서비스가 새롭게 등장한다는 사실을 나타내는 그래프다.

강의를 하는 방식이나 강사들의 스타일도 해마다 바뀌고 있다. 불과 1년 전에 강의하던 모습도 아주 오래된 것처럼 느껴질 정도로 변화의 속도는 빠르다. 강의 방식도 이런 형태가 '기본'이라고 단언할 수 없을 정도로 다양해졌다.

과거에는 주입식 교육을 효율적으로 하기 위한 방식으로 강의했다면 이제는 학생들이 많이 생각하게 만드는 방식으로 강의 내용이 바뀌어 가고 있다. 과거에는 사랑의 매가 성적향상의 주된 요소였다면 이제는 효과적인 교수법과 학습법이 성적향상과 대학입시의 당락을 결정하는 주된 요소가 되었다. 강의 방식이 바뀐 원인 가운데 교육산업의 발달도 무시할 수 없다. 이제는 교육 서비스도 하나의 재화로 보고 재화의 공급을 통해 수익을 내는 사교육산업에서는 여러 가지 형태로 변형해서 교육 서비스를 제공하고 있다.

교육education과 오락entertainment의 합성어인 에듀테인먼트Edutainment도 교육 서비스의 변형에서 탄생했다. 이제는 강의가 교육과 오락을 겸한 하나의 공부 방법이 되었다. 과거에는 명강사의 강의를 듣기 위해 서울 노량진, 대치동 학원가를 찾아 갔지만 이제는 인터넷 강의가 그 역할을 대신하고 있다. 직접 얼굴을 맞대고 하는 강의는 강사의 말과 행동에 반응하는 학생들이 눈에 보이기 때문에 즉각적인 상호작용이 일어난다. 하지만 인터넷은 언제 어디서나 볼 수 있지만 학생들의 반응을 즉각적으로 볼 수 없기 때문에 여기에 학생들과 상호작용을 일으키는 장치로 오락적인 요소를 넣었고 이런 강의 방식이 발전해서 지금의 에듀테인먼트로 자리 잡은 것이다.

강사라면 누구나 강의 스타일을 획기적으로 바꾸고 재미 요소를 넣기 위해서 노력해야 한다. 필요하다면 강사가 개그 프로그램을 따라하거나 유행어를 공부할 필요도 있다. 이런 재미 요소가 싫다면 학생들이 집중할만한 게임이나 직접 참여할 수 있는 교수법을 개발해야 한다. 집중력을 향상시킬 수 있는 동영상 자료와 수업

내용을 결합해서 더 효과적인 강의도 할 수 있다.

| 실력에 따라 분반한다고 눈높이가 맞춰질까?

황당한 경험을 한 적이 있다. 인터넷 강의 제목에 대해서 나름대로 많이 고민하고 준비를 했다. 인터넷 강의는 제목에서 강의 내용을 모두 전달해야 하므로 모든 강사들이 고민하는 부분이다. 그러던 중 나의 머리에 단어 하나가 떠올랐다.

불문율不文律. 사전적 의미는 '알게 모르게 서로 납득하여 지키고 있는 규칙'이다.

이 단어를 떠올린 나 자신이 대견했다. 이렇게 강렬하게 기억에 남는 좋은 단어는 없다고 확신했다. 그런데 문제점을 다시 발견하는 데는 오랜 시간이 걸리지 않았다.

'불문율'이라는 강의 제목에 대한 학생들의 의견을 들어보았다.

"애들아 선생님이 이번 강의 제목을 '불문율不文律'로 하려고 해! 어때?"

학생들의 반응을 예상했던 것보다 냉담했다.

"선생님 불문율不文律이 뭐예요?"

심지어 연구 조교와 첨삭 선생님들에게도 물어보았다.

"학생들한테 이번 강의 제목을 '불문율不文律'이라고 하면 어떠냐고 했더니 반응이 썩 좋지 않은 것 같은데 어떻게 생각해?"

"대표님 불문율이 뭐예요?"

나는 의미를 알고 있어서 좋은 제목이라고 생각했지만 그것은 나의 눈높이에 맞춘 것이었다. 일반적으로 강사들에게 수강생들의 눈높이에 맞추라고 하면 실력에 맞게 반편성을 한다. 물론 반편성이 눈높이를 맞추는 것은 맞다. 하지만 반편성만으로 눈높이가 맞춰지는 것은 아니다. 수강생들의 생각과 사고를 같이 공유해야 진정한 눈높이를 맞출 수 있다. 예를 들어, 정규 교육과정에서 충족시키지 못하는 교과목과 시험문제와의 괴리, 외모, 친구, 가족, 학교, 사회 등 그들만의 문화, 시각을 공유해야 한다.

외모에 신경쓰는 청소년 수강생들이 좋아할만한 이벤트를 하는 건 어떨까? 그렇다고 동물 탈을 뒤집어쓰고 수업을 할 수는 없다. 하지만 수강생들이 좋아하는 머리스타일이나 옷차림, 악세사리 등으로 동질감을 느끼게 할 수는 있다.

우리나라는 주기적으로 교육과정이 개편된다. 교육과정 개편에는 좋은 점도 있지만 폐해도 적지 않다. 어떤 세대는 한문 과목을 전혀 배우지 않아서 사자성어를 이해하지 못하고, 어떤 세대는 국사가 선택과목으로 지정돼서 TV에서 역사 프로그램을 봐도 이해하지 못한다.

수강생들의 이러한 특성들을 제대로 파악해서 강의에 반영해야 한다. 사자성어를 잘 모르는 수강생에게는 수업 중에 사자성어를 자세히 설명해야 한다. 사자성어와 관련된 짧은 이야기로 이해를 돕는 것도 바람직하다. 국사를 열심히 공부하지 않은 수강생들에게는 이해를 돕기 위해 역사적인 사건을 드라마나 널리 알려진 이야기와 함께 설명하는 것이 좋다.

강사는 수강생들의 문화를 이해해야 한다. 스마트폰이 보편화되었고 문자메시지와 다양한 커뮤니케이션 수단들이 많이 생겼다. 그래서 수강생들의 문화를 이해하기가 쉽다. 하지만 이런 커뮤니케이션에 관심을 갖지 않는 강사는 얼마 지나지 않아서 고립될 것이다.

학생들과 대화를 하면서 친구 사이에, 가족 사이에 갈등은 없는지, 학교에서 수업 분위기는 어떤지, 관심을 갖는 뉴스는 어떤 내용인지 파악해야 한다.

요즘 학생들은 강사를 강의 실력으로만 평가하지 않는다. 예전에는 어려운 문제를 잘 풀면 능력이 있는 강사로 인정했지만 이제는 다양한 풀이과정과 다원화된 시각을 가진 강사를 능력 있는 강사로 인정한다. 여러 가지 방법으로 문제를 푸는 방법을 설명하고 해결책에 대한 접근법을 다원화해서 알기 쉽게 설명하는 것이 학생들의 눈높이에 맞추는 것이고 능력이 뛰어난 강사로 인정받는 비결이다.

강한 강사의 인맥 관리

POWER TUTOR

제3장

강한 강사의 인맥 관리

가슴에는 보편성,
머리에는 차별성을 품어라

신의를 칼 같이 지켜라

돈으로 살 수 없는 것이 있다

일당백은 없다

가슴에는 보편성,
머리에는 차별성을 품어라

| 강사는 가슴에 보편성을 품어야 한다

학원장들 모임에서 세미나를 개최했을 때의 일이다. 세미나 주제
는 강사선발에 관한 내용이었다. 어떤 사람이 좋은 인성을 가진,
훌륭한 강사인지에 대한 토론이 열렸다.

학원장들이 공통적으로 말하는 내용이 한 가지 있었다. 그것은
'보편성'이었다. 강사는 남들과 똑같이 강의를 하면 밥 먹고 살기
힘들다는 말을 한다. 남들보다 뛰어난 능력을 발휘하라는 뜻이다.
다른 강사보다 능력이 뛰어나고 열심히 노력하면서 강의준비도 충
실히 하고 학생, 학부모를 잘 관리하면 그 강사는 분명히 실력을
인정받는 강사가 될 것이다.

뛰어난 능력이 중요하지만 그보다 더 중요한 것은 보편성이다.
능력은 뛰어나지만 보편적이어야 한다는 말이 이상하게 들릴지도

모른다. 학원장들의 결론은 머리에는 차별성이 있어야 하고 가슴
에는 보편성이 있는 강사를 선발해야 한다는 것이었다. 흔히 말하
는 기본基本이 되어 있어야 그 강사의 능력을 보여줄 수 있고 힘을
발휘할 수 있다.

본립도생(本立道生)

기본이 바로 서면 길 또한 자연스럽게 생긴다는 의미다. 이 말은
공자가 무너진 사회를 비판하며 가르침을 주기 위해 했던 말이다.
당시에 인간관계에서 아래, 위가 허물어지는 사건이 만연했고 공
자가 제자인 유자에게 뿌리에서 출발해 사건을 해결할 것을 제안
한 명문이다.

강사는 기본에 대한 생각, 머리가 아닌 가슴에 있어야 할 보편성
에 대해서 항상 생각해야 한다. 보편성이 중요하다는 것은 아무리
강조해도 지나치지 않다.

지방의 한 고등학교에서 강의를 할 때 있었던 일이다. 급한 일이
있었는지 수업 중인데 본사에서 전화가 수십 통 왔다. 강의 중이
라 전화를 받을 수는 없었지만 심상치 않은 일이 벌어졌다는 생각
에 학생들에게 양해를 구하고 전화를 받았다. 전화를 받고 너무
충격적이어서 그날 강의를 어떻게 했는지 기억도 나지 않는다.

함께 일하던 강사가 충청도의 여자고등학교에서 강의를 했다. 여
자고등학교는 역사가 오래된 곳으로 지역에서는 알아주는 명문이
었다. 이곳에서 남학생들에게도 농담으로 하기 어려운 성적인 발
언을 강의 중에 한 것이었다. 교재에 내용을 설명하면서 은어와

비속어까지 섞어가며 걸쭉한 농담을 했던 모양이었다. 이 일로 여자고등학교에는 난리가 났다고 했다.

학생은 물론이고 학부모, 선생님, 교장선생님까지 본사에 연락을 했다. 심지어는 학부모가 교육청에 고발해서 사회적인 문제로 커진 상태였다.

이런 상황을 어떻게 수습해야 하는지, 수습할 방법은 있는지 의논하려고 나에게 연락이 온 것이었다. 사건을 해결하기 위해서 여자고등학교를 가긴 해야 하는데 발길이 떨어지지 않았다. 학생들과 선생님, 학부모를 무슨 낯으로 볼 것이며 더 암담했던 것은 학생들 앞에서 어떻게 수업을 할 것인가에 대한 두려움 때문이었다. 잘못을 사과하고 다시는 불미스러운 일이 일어나지 않도록 관리하겠다는 사과를 받아주어서 다행히 강의는 마무리했지만 그 일이 있은 이후로 다시는 그 지역에서 강의를 할 수는 없었다.

강의는 정말 잘 하는데 학생들 앞에서 성적인 발언을 하는 강사들이 실제로 있다. 모범을 보여야 하는 강사에게 있어서는 안 되는 일이다. 강의를 잘 한다고 학생들 앞에서 아무 말이나 할 수 있는 건 아니다. 보편성이라는 말에는 상당히 많은 뜻이 담겨있다.

강사에게는 열정, 조직에서의 인간관계, 따뜻한 심성 그리고 일반적인 수준 이상의 도덕성이 필요하다. 출중한 실력을 보여주기 전에 먼저 보편성을 가슴에 담아야 한다. 그런 다음 차별성과 냉철함을 보여줘야 강사로 발전할 수 있다. 강사의 가슴은 용광로처럼 뜨겁고 머리는 북극 한파처럼 차가워야 한다.

| 예술의 도시 피렌체에는 메디치 가문이 있었다

이탈리아의 중부 도시 피렌체는 르네상스 예술을 태동시키고 르네상스를 이끌었던 천재 예술가를 여러 명 배출한 지역이다. 우리가 잘 알고 있는 『신곡』의 저자 단테, 건축의 돔Dome 양식으로 유명한 브루넬레스키, 『르리마베라』, 『비너스의 탄생』의 보티첼리, '르네상스 만능인' 레오나르도 다 빈치, 미술과 조각, 건축을 융합한 미켈란젤로 등 수없이 많은 르네상스의 천재 예술가들이 피렌체에서 태어났거나 자랐다.

한 도시에서 이처럼 많은 천재 예술가들이 나온 이유는 어디에 있을까? 천재 예술가들 뒤에는 메디치 가문이 있었다. 가문을 세운 조반니 데 메디치Giovanni dè Medici는 평민 신분이었다.

조반니는 은행업을 통해서 부를 축적했다. 어려운 평민을 후원하여 지지층을 마련했고, 기울어가는 귀족과 성직자를 지원하여 적대관계였던 상류사회의 견제를 피했다. 그리고 재능 있는 예술인을 위해 아낌없이 후원했다. 무명이었던 미켈란젤로와 같은 천재 예술가들에게 투자와 후원을 아끼지 않았다. 메디치 가문은 로렌초 데 메디치Lorenzo dè Medici, il Magnifico가 최고의 전성기를 만들었다. 정치적, 종교적으로 충돌이 극에 달했지만 이런 혼란기에 메디치 가문의 힘은 더 막강해졌다. 당시에 종교적 충돌은 엄청났다. 16세기 중반 이후 가톨릭 교회에서 프로테스탄트 교회가 분열되었고 동유럽의 정교회와의 충돌한 것도 이때다. 지중해 연안에서는 이슬람교도가 심각한 종교문제를 일으키던 시대다. 하지만, 로렌초 시대의 메디치 가문은 군사적인 힘이 없어도 외교적 역량으로 여러 번의 전쟁을 승리로 이끌었다. 한 시대를 풍미했던 메디치 가문은 명문가와 종교, 정치적인 이해관계자들 사이를 오가며 확실한 인맥을 다졌다.

거창하게 역사적인 사건을 얘기하지 않더라도 강사에게 인맥관계는 매우 중요하다. 학원장, 대표이사, 학원 관리자가 가장 선호하는 강사선발 방법은 공개채용이 아니라 인맥을 통해 검증된 강사를 소개받는 것이다. 이런 채용 방식만 봐도 인맥이 얼마나 중요한지 알 수 있다. 많은 강사들이 강의능력이 있으면 어디든 갈 수 있다고 얘기한다. 그런데 강의능력은 짧은 시간에 보여 줄 수 있는 것이 아니다. 강의능력을 널리 알리는 좋은 방법은 주변사람들의 입을 통해서 강의를 잘 한다는 소문이 나도록 하는 것이다. 강사의 능력을 스토리텔링을 통해서 전파시켜야 한다.

교육 중에 있었던 일이나 성적이 급격하게 향상된 학생 사례, 학원에서 인기 강좌를 기획했다는 등의 이야기가 입소문으로 퍼져나가게 해야 한다. 그러려면 사람에게 투자해야 한다. 강의능력은 기본이고 주변 사람들에게 강사로서 도덕성과 인간성을 제대로 보여줘야 한다. 사람들과의 관계는 짧은 시간에 만들어지는 것이 아니다.

정시에 출근해서 정시에 퇴근하면서 직장 동료들과 친해지기는 어렵다. 동료들과 어울려 술도 마시고 여가도 함께 즐겨야 서로를 이해하게 된다. 술을 못 마신다, 운동을 잘 못한다고 걱정할 필요는 없다. 체질적으로 술을 못 마신다면 낮에 차를 마시거나 점심 식사를 같이 하면서 서로를 알아가는 시간을 만들 수 있다.

　메디치 가문이 그랬던 것처럼 강사도 인맥을 다지며 사람들에게 투자해야 강사로서 성공할 수 있는 토양을 마련할 수 있다.

신의를 칼 같이 지켜라

| 학생, 학부모, 학원 그리고 자신에게 신의를 지켜라

우리나라 국가대표이면서 세계적인 명문 구단인 맨체스터 유나이티드에서 활약했던 박지성 선수의 발과 슈투트가르트 발레단에서 활동한 세계적인 발레리나 강수진의 발이 인터넷에서 화제가 된 적이 있다. 박지성의 상처투성이인 발은 발톱이 갈라지고 흉터투성이였다. 마디마디에 굳은살 때문에 보기에도 애처로운 강수진의 발은 정말 사람의 발인가 싶을 정도였다. 박지성 선수와 발레리나 강수진의 발 사진을 보며 결국 '프로패셔널이란 자기 노력에 신의를 지키는 것'이라는 생각을 하게 되었다.

강사는 신의를 철저하게 지켜야 한다. 나의 강의를 듣는 수강생에게 그리고 강의를 마련해 준 학원에게, 나를 관리해 주고 홍보해 주는 학원 관계자들에게 그리고 무엇보다 중요한 자신의 노력에 신의를 지켜야 한다.

학원 수강생들을 데리고 나가서 직접 학원을 차리는 강사들을 보곤 한다. 이런 행동은 신의를 내팽개친 강사의 가장 치명적인 실수다. 지금 당장은 수강생들이 있기 때문에 학원을 운영할 수 있지만 몇 년 후에는 어떻게 될지 아무도 모른다. 시간이 지나서 현재 수강생들이 떠나고 신규 수강생들이 모이지 않으면 학원을 운영할 수 없게 된다. 수강생을 데리고 나가서 학원을 차린 강사는 나중에 다른 학원에서 강의하려고 해도 받아주지 않는다.

| 강사가 편하게 강의하려고 했던 일들은 나중에 짐이 된다

강의가 많아서 체력적으로, 시간적으로 힘들었을 때에 일이다. 강의 시간표는 결정됐는데 강의를 준비할 시간이 부족해서 어떻게 할까 고민하다가 아르바이트 보조강사를 채용하기로 했다. 전문 강사를 채용하는 게 아니기 때문에 채용공고를 냈다. 일반 아르바이트보다 적지 않은 시급을 주기 때문에 보조강사 채용은 어렵지 않았다. 강의가 너무 많아서 몸이 열 개라도 부족할 때 보조강사의 도움은 가뭄에 단비 같았다. 하지만 문제는 보조강사에 대한 관리를 철저히 하지 못한 데서 일어났다.

보조강사를 채용한 지 얼마 지나지 않아서 학부모로부터 충격적인 얘기를 들었다.

"안녕하세요? 김근현 선생님?"

"네, 안녕하세요? 어머니 잘 지내셨어요?"

전화를 걸어온 학부모의 형과 동생을 모두 내가 가르쳐서 잘 알고 있었다. 형은 좋은 성적으로 원하는 대학에 합격해서 다니고 있었다. 짧게 인사를 나눈 뒤에 이런 얘기를 했다.

"선생님 요즘 학원에서 대학생들이 수업을 한다면서요?"

"네? 그게 무슨 얘기죠?

"엄마들이랑 학생들 사이에 소문이 다 났어요. 큰 애 때는 안 그랬는데 궁금해서요. 선생님 조만간 상담했으면 해요."

전문 강사들이 조금 편하게 강의할 수 있도록 보조강사와 첨삭강사를 채용했는데 학생과 학부모들 사이에서 대학생이 수업을 하는 것으로 소문이 나있었던 것이다. 대학생이 수업한다는 소문은 사실이 아니었고 왜곡된 내용이었다. 논술 수업과 첨삭 수업은 전문 강사가 했고, 수업자료를 준비하는 일은 아르바이트로 채용한 대학생 보조강사들이 했다. 수업이 진행되는 과정을 제대로 보지 않은 사람이 보조강사를 채용한다는 공지만 보고 이런 소문을 낸 것이었다.

하지만 그런 소문이 나게 된 원인은 바로 학원을 책임지고 있는 나에게 있었다. 전문 강사가 해야 하는 일이었는데 강사들의 편의를 위해서 보조강사를 채용했고 수업준비의 상당 부분을 보조강사들이 처리하도록 했던 것이 나의 과오였다.

그런데 이 소문은 소문으로 그치지 않았다. 수강생들의 성적으로 고스란히 나타났다. 학원 수강생들의 성적과 진학률이 떨어지는 결과를 불러왔다. 강사들이 수업에 집중할 수 있는 환경을 만들어야 한다는 생각으로 보조강사를 채용했는데 결과는 매우 좋지 않았다.

수강생이 늘어서 매출이 오르는 것은 한순간이다. 갑자기 오른 매출은 다시 하락할 수 있다. 하지만 오랜 시간 노력해서 점진적으로 늘어난 수강생은 갑자기 줄어들지 않는다. 물론 늘어난 수강생을 유지하려면 이전보다 더 열심히 노력해야 한다. 학생과 학부모에게 나쁜 인상을 주었다면 더 많이 노력해야 나쁜 이미지를 없앨 수 있다.

돈으로 살 수 없는 것이 있다

| 학생은 돈으로 살 수 없다

시장에서 돈의 가치와 재화의 거래는 매우 중요하다. 요즘 같은 자본주의 자유경제 체제에서 돈으로 살 수 없는 것이 있을까?

돈으로 살 수 없는 것은 분명히 있다. 돈으로 살 수 없는 것은 크게 두 가지로 구분할 수 있다. 첫 번째는 돈을 주고도 살 수 없는 물질과 인간관계다. 돈이 아무리 많아도 노벨상과 퓰리처상 같은 저명한 상을 살 수는 없다. 친구와 가족도 돈으로 살 수 없다. 인간관계는 돈을 주고 사고 팔 수 없다. 인간관계나 상을 돈으로 산다고 해도 무슨 의미가 있겠는가?

또 돈으로 살 수는 있지만 도덕적으로 논란이 되는 것도 있다. 요즘은 의학기술이 발달하여 많은 생명을 구하고 각종 질병도 고치고 있다. 하지만 아직까지 인간의 장기를 만들지는 못한다. 손상을 입은 장기는 다른 사람의 장기를 이식받아야 제 기능을 할 수 있다. 대표적인 것이 신장콩팥이다. 다행이 사람의 몸에는 신장이 두 개라서 신장이 손상된 사람에게 이식하기도 하지만 돈을 주고 사고파는 행위는 옳지 않다. 아기도 마찬가지다. 불임가정에서 아기를 갖는 것은 꿈만 같은 일이다. 그렇다고 아이를 사고 팔 수는 없다. 이처럼 돈을 주고 구입할 수 없는 것도 있고 구입해서는 안 되는 것도 있다.

학원가에서 돈으로 살 수 없는 것이 있다. 학생, 즉 수강생과 학부모다.

한 원장님과 이런 얘기를 나눈 적이 있다.

"원장님, 이번에 수강생이 갑자기 늘었다는데 좋으시겠어요?"

이 말을 들은 원장님의 얼굴이 어두웠다.

"김대표, 요즘만 같으면 정말 좋겠어. 학생들이 몰려드니 말이야. 그런데 주변 학원에서 이번에는 또 무슨 짓을 할지 모르겠어."

지역이 한정적이라 학원 수는 늘어나는데 학생 수는 늘어나지 않는다. 일부 학원에서는 더 많은 수강생들을 유치하기 위해서 친구를 데려오면 상품권을 주거나 새로 수강하는 친구에게 사은품이나 현금을 주는 이벤트를 벌인다.

이런 방식의 이벤트를 진행하면 학원에서 손실을 감수해야 하기 때문에 수입과 지출을 맞추려면 상당히 복잡한 계산이 필요하다. 그리고 학교에서 문제를 일으키는 학생, 일명 '일진'들이 학생들을 모아 오고 학원장에게 리베이트를 요구는 일도 있었다. 그렇게 받은 돈으로 학생이 오토바이를 사서 타다가 사고를 당해 사회적으로 문제가 되었다.

사람의 마음은 돈으로 살 수 없다. 정말 실력 있는 강사와 원장은 절대로 경품으로 학생들을 유혹하지 않는다. 경품으로 유혹하면 몇 달 동안은 학원의 수강생을 늘릴 수 있다. 하지만 이렇게 불러 모은 수강생은 자신의 목적^{경품}을 달성한 후에 더 좋은 경품을 주는 학원으로 옮긴다. 이런 방식으로 수강생을 늘리는 것은 교육이 아니다. 장사에서나 할 수 있는 일이다. 교육의 목적을 퇴색시키고 또한 학습이라는 교육 서비스를 돈으로 변질시켜서는 안 된다. 이렇게 사은품으로 수강생을 늘리는 것은 강사와 학원의 가치를 떨어트리는 일이고 강의의 질을 저하시키는 요인이 된다.

사례

서울의 노량진이 학원가에서 가장 중심이었던 시절이 있었다. 노량진 학원가에는 수강료는 낮고 수강인원은 굉장히 많은 '단과수업'이 있었다. 학원들 사이에서 단과수업에 더 많은 학생을 유치하기 위해서 온갖 노력을 했다. A학원의 단과수업에 학생들이 몰리면 B, C, D학원의 단과수업에는 학생이 없었다. 누군가가 잘되면 누군가는 안되는 상황이 반복됐다. 경쟁이 과열돼서 학원 관계자들 사이에 막말과 욕설이 오가는 일도 많았다.

단과수업에 학생을 모으기 위한 경쟁이 얼마나 치열했는지 보여주는 유명한 사건이 있다. 이 사건은 '노량진 경품사건'으로 불린다. 유명 단과수업 강사들 사이에서 더 많은 수강생을 모으기 위해 경쟁이 심해졌다. 급기야 경품을 주면서 수강생을 모집하려는 강사가 등장했다. 처음에는 노트, 샤프 등 학용품을 주다가 나중에는 도시락까지 경품으로 주었다. 학원 관계자들은 다음에 나올 경품이 궁금했다. 나중에는 고가의 경품들을 내걸고 수강생을 모집하기에 이르렀다.

더 많은 수강생을 모집하기 위해 벌인 경쟁은 나중에 자존심 싸

┃수강생에게 작은 선물을 줘라

돈으로 살 수 없는 것도 있지만 적은 돈을 지불하고 많은 것을 얻을 때도 있다. 꾸준히 나의 강의를 듣는 수강생의 동기부여를 위해서 작은 선물에 마음을 담아 주는 것이다. 마음이 담긴 선물은 학생에게 공부하고픈 의욕이 생기게 만들고 학부모를 감동시킨다. 학원을 알리는 광고를 하고 학생을 유치하기 위한 마케팅에 돈을 쓰는 것보다 오히려 학생들에게 마음을 담은 선물을 주는 것이 좋은 결과를 가져온다.

미술학원을 운영하는 원장님이 명절 연휴 뒤에 재원생들에게 작은 선물을 보냈다. 선물은 황당하게도 콩나물이 들어 있는 작은 팩과 콩나물 국을 끓이는 레시피, 한통의 편지가 전부였다. 편지의 수신자는 재원생의 아버지였다. 편지에는 명절에 고생한 부인을 위해 시원한 콩나물국을 끓여주라는 내용이었다.

정말 충격적이지 않은가? 돈을 많이 들이지 않으면서 충분히 감동을 줄 수 있는 효과적인 선물이다. 학원에서는 수강생들을 늘리기 위해서 학교 앞에서 홍보를 한다. 하지만 잘못된 방법이다. 현재 학원을 다니는 수강생에게 작은 선물을 주는 것이 이치에 맞다. 외부에서 하는 홍보는 수강생을 만족시킨 후에 실시해도 늦지 않다.

이렇듯 강사는 지식과 사랑을 베풀어 주고 나누어 주는 대상어야 한다. 그러나 반대로 꼭 지켜야 하는 것도 있다. 특히 수강료에 관한 얘기는 강사가 학생들에게 절대로 얘기해서는 안 된다. 수강료 얘기가 강사의 입에서 나가면 강의의 품격은 땅에 떨어진다. 학부모들은 수입이 줄어서 생활이 어려워도 학생들에게 돈에 대해서 얘기하지 않는다. 학부모들도 하지 않은 수강료 얘기를 학원에서 강사가 한다면 학생은 힘들고 괴로워한다. 학원 강사가 학생에게 수강료에 대한 짐을 지울 필요는 없다. 수강료에 대한 얘기는 철저하게 학원관리를 하는 담당자와 학부모 사이에서만 오고 가야 한다. 어느 수강생이 수강료를 내지 않았다는 사실을 알고 있어도 강사는 관여할 필요가 없다. 품위는 스스로 유지하는 것이기 때문이다.

▎사람을 잃지 마라

2003년 중앙일보 'week&'과 연세대학교 사회발전연구소는 두 달 여 동안 한국 사회의 연결망**네트워크** 조사에서 '3.6'이란 값을 얻었다. 전혀 모르는 사람이 만나도 세 사람이나 혹은 네 사람만 거치면 다 알게 된다는 것이다. 미국에서는 5.5가 나왔다. 물론 이런 값들은 사회과학적으로 검증되었다.

"이 바닥은 좁아! 한 다리 건너면 모르는 사람은 없어!"

학원가에서 늘 듣는 말이다. 실제로 그렇다. 많은 강사가 활동하는 것 같지만 자신의 영역에서 오랫동안 일하다 보면 내 얘기가 타인의 귀에 혹은 반대로 타인의 입에서 떠돌아다닌다.

처음 학원을 개원할 때 오래전부터 알고 지내던 강사가 있었다. 개인적으로 친하게 지냈고 학원의 개원에도 도움을 주었다. 학원을 개원한 후에 이 강사에게 강의를 부탁했고 강사도 흔쾌히 도와주겠다고 했다. 그런데 나중에 좋지 않게 헤어지게 되었다.

학원에서 강사에 대한 광고를 해주고 높은 비율로 강사료를 주겠다고 약속했다. 개원 후에 그 약속을 지켰다. 그런데 다른 학원에 수강하는 인원이 많다며 갑자기 수업을 그만두겠다고 하는 것이었다. 학원을 개원한 지 얼마 안 된 상황이라서 붙잡을 수밖에 없었다. 그리고 학기 중에 강사를 바꾸는 건 학원 운영에 굉장히 나쁜 영향을 준다. 시간이 지나서 겨울 방학이 되었다. 그 강사는 해가 바뀐 후에 아무런 연락도 없이 출근하지 않았다. 오후에 사정이 생겨서 학원에 나오지 못한다는 문자를 보내왔다. 오래 전부터 알고 지냈던 사이였기 때문에 강사를 믿었고 말 못할 사정이 있을 거라고 생각했다. 강사가 갑작스럽게 나오지 않으면 학원을 관리하는 직원들은 하루 종일 고생한다.

학생들은 갑작스런 휴강에 발길을 돌렸다. 그런데 다음날에도 학원에 못 온다는 문자가 왔다. 너무 화가 났지만 강사의 돌발행동에 준비가 전혀 되어있지 않아서 학생들을 돌려보냈다. 그리고 다음날 학원을 그만 두겠다는 문자가 왔다. 허무했다. 학생들은 새로운 강사로 교체되기까지 진도를 제대로 나가지 못했고 한동안 혼란을 겪었다. 무엇보다 새해 첫 수업을 하는 날 무책임하게 휴강을 하고 그만 둔 강사에 대한 원성도 많았다.

학원 이미지가 땅에 떨어지는 건 말할 것도 없었다. 그런데 무엇보다 허무했던 건 사람을 잃었다는 것이다. 수강생은 다시 모으면 되고 잠깐 동안의 어려움은 다시 이겨내면 된다. 그러나 사람에게 들인 시간과 노력, 지금까지 쌓은 정을 한 순간에 끊는 것은 감당하기 어려운 일이다.

4년쯤 지나서 내가 자리를 비운 사이에 그 강사가 학원으로 연락을 해왔다. 갑자기 학원을 그만두면서 분위기를 엉망으로 만들었던 강사는 나와 통화하기를 원한다면서 직원에게 나의 핸드폰 연락처를 물어봤다고 한다. 직원은 내 핸드폰 연락처를 알려주지 않았고 강사의 바뀐 연락처만 받아 놓았다고 했다. 이유야 어찌되었건 그렇게 좋지 않게 학원을 그만 둔 강사가 다시 연락을 했다는 사실에 놀랐다. 그 강사는 학원을 그만두고 내 연락처를 지웠기 때문에 직접 연락을 못했을 것이다. 학원에서 함께 일했던 강사들에게 내 연락처를 물어보면 쉽게 구할 수 있었을 텐데 내 연락처를 물어볼만한 인간관계도 만들지 못했던 것이다.

요즘은 학원에서 강사, 직원, 아르바이트를 모집한다고 공고를 내면 굉장히 많은 이력서들이 들어온다. 구직자들이 그만큼 많다는 뜻이고 좋지 않은 경기를 여실히 보여주는 것 같아서 마음이 무겁다. 그런데 많은 이력서를 받아서 면접을 보면 구직자들이 직장을 구하는 데 적극적인 모습을 보이지 않는다.

우리 학원 면접에 떨어진 사람이 얼마 뒤에 다시 지원하기도 하고 이력서에 거짓으로 학원 경력을 써 넣기도 한다. 면접하는 날 찾아오지 않는 구직자도 많고 면접하는 날을 자기 일정에 맞춰 달라는 면접자도 있다.

학원을 갑자기 그만둔 강사, 무턱대고 이력서를 보내는 구직자들의 무책임한 행동은 언제가는 자신에게 돌아온다. 우리나라에서 세 명이나 네 명만 거치면 모든 사람들을 알 수 있기 때문에 언제나 자신의 말과 행동에 책임지는 모습을 보여야 한다.

일당백은 없다

| 공교육이 사교육을 이길 수 있을까?

일당백이란 말이 있다. 한 사람이 백 명을 당해낸다는 뜻이다. 이런 말은 영웅의 무용담에 자주 나온다. 강사의 세계에서도 일당백은 가능할까?

결론부터 말하자면 불가능하다. 스타강사 한 사람이 수백 명, 수천 명의 수강생을 몰고 다니면서 다른 강사들을 주눅 들게 하고 일당백으로 사교육 시장을 평정한 것처럼 보일 수도 있다. 하지만 겉으로만 이렇게 보이는 것이다. 수백 명, 수천 명의 수강생을 몰고 다니려면 강사를 도와주는 사람들이 엄청나게 많다. 차를 운전하는 로드매니저, 강의테마를 개발해 주는 연구진, 교재를 출간하는 집필진, 수강생을 관리하는 조교들, 답안지를 채점하는 채점자, 첨삭 강사 등 수많은 관계자들이 스타강사가 강의에 전념할 수 있도록 돕는다.

한 명의 스타강사가 수백, 수천 명의 수강생들을 몰고 다니는 것이 아니라 하나의 조직이 완벽한 강의를 만들기 위해서 일하는 것이다.

이런 이유 때문에 지금의 공교육은 사교육을 이기지 못한다. 사교육은 맹수와 독충들이 우글거리는 정글과 같아서 '사교육 시장'이라고 표현한다. 공교육은 생존이 보장되고 시간이 되면 먹이를 공급해 주는 인공적인 사파리 같은 환경이다. 그래서 '공교육 시장'이라는 말은 쓰지 않는다. 사교육은 진입장벽이 낮아서 진입하기는 쉽지만 시장에서 생존하는 것은 상당히 어렵다. 반대로 공교육은 진입장벽이 매우 높지만 장벽만 넘어서면 큰 탈 없이 교직에 있을 수 있다.

이렇다 보니 정글의 생존경쟁에서 살아남은 학원 강사는 많은 수입을 얻는다. 잘 나가는 학원 강사의 수입은 공교육 선생님의 수입보다 훨씬 많다. 교재를 집필하고 문제를 개발하고 새로운 교수법을 연구해서 적용하면서 강사는 몸값을 올리고 동시에 자기계발을 한다. 수입의 일부를 재투자하고 마케팅도 한다. 사교육 시장에서 자신을 홍보하기 위해 자기계발과 마케팅을 하는 것이다.

강사가 자기계발과 마케팅을 하는 궁극적인 목표는 하나다. 강의를 잘 하기 위해서다. 치열한 사교육 시장에서 살아남는 비결은 학생들을 지도하는 강의 능력이다. 강사의 수입은 강의 능력에 비례한다. 하지만 공교육의 선생님은 수업준비에 몰입하기 어렵다.

학교 수업뿐만 아니라 여러 가지 서류 작업과 직책별로 처리해야 하는 업무가 따로 있다. 그래서 자기계발을 할 시간이 부족하고 자신을 마케팅할 필요성도 학원 강사에 비해서 덜하다. 최근에는 공교육 선생님의 강의 능력을 평가해서 상여금을 주기도 하고 EBS에서 강의하는 선생님 중에도 학교 선생님들의 진출이 활발해 졌다. 하지만 공교육은 태생적으로 무한경쟁 체제가 아니기 때문에 사교육을 이길 수 없다.

|강사를 관리해 줄 사람이 필요하다

강의 능력이 좋으면 여러 학원과 인터넷 교육 업체에서 강의 요청이 들어온다. 강사는 몸이 열 개라도 모자를 지경이 된다. 1시간 동안 강의한다면, 강의를 준비하는 시간은 강사마다 차이가 있지만 보통 1~3시간 정도 준비해야 한다. 강의가 늘어나면 혼자서 모든 일을 처리하려고 하는 것보다 강사를 관리해 줄 사람들을 구해야 한다. 강사를 관리해주는 사람은 가족일 수도 있고, 제자일 수도 있고, 아르바이트일 수도 있다.

능력을 인정받아 억대 연봉을 받는 강사는 수입이 많은 만큼 지출하는 비용도 많다. 강의는 강사가 하지만 강의 준비 외에 강의를 하기 위해서 꼭 해야 하는 일이 있다. 다른 사람의 도움을 받아도 되는 일이라면 강사를 관리해주는 사람에게 맡기는 것이 좋다. 강의가 늘어나면 혼자서 처리할 수 없을 정도로 일이 많아진다. 강사를 잘 아는 가족이나 제자가 곁에서 도와주면 좋지만 학원에서 일했던 경험이 있는 조교를 채용하는 것이 바람직하다. 처음에 선발할 때부터 능력 있는 사람을 고집하면 안 된다. 처음부터 교재를 개발하고 강의 테마를 연구하고 교과서를 분석해주는 조교는 없다. 처음에는 워드 작업과 교안 편집 등의 단순한 업무부터 시작해서 점점 난이도 높은 일들을 처리하도록 해야 한다. 강사를 관리해 주는 사람의 능력을 고려해서 수업 준비를 분담하는 것이다. 조교를 여러 명 채용한 강사도 많다. 신입 조교에게는 수업에 필요한 자료를 만드는 일을 시키고 어느 정도 경력이 있는 조교는 강의를 보조하는 일을 시키고, 경력이 오래된 조교에게는 교재개발에 참여시킬 수도 있다. 이렇게 조교를 승급시키는 체제로 운영하면 자연스럽게 체계적인 관리가 가능해지고 업무를 분담한 조교들은 저마다 노하우를 갖게 된다.

조교를 평생 직업으로 하려는 사람은 없다. 어느 정도 시간이 자나면 조교와 연구진, 보조강사를 떠나보낼 준비를 해야 한다. 사람을 구하는 일보다 떠나보내는 일은 너무나도 힘들고 어렵다.

강사들은 일을 도와주는 조교 한두 명에게 의지하는 경우가 많다. 조교에게 학원 업무나 일하는 방법을 가르쳐 주고 때로는 혼내기도 하고 적지 않은 보수까지 주지만 조교가 할 수 있는 일에는 한계가 있기 때문에 어느 정도 시간이 지나면 조교일을 그만둔다. 좋게 그만두는 조교들도 있지만 마지막이 안 좋은 조교들도 많다. 사람에게 실망하면 '다음에는 절대로 조교를 안 뽑겠어. 혼자서 하는 게 마음 편해'라는 생각을 하게 되는데 매우 위험한 생각이다. 이런 생각을 갖게 되면 곁에서 함께 일하던 사람들도 떠난다.

이런 일을 겪으면서 몸소 알게 되는 법칙이 있다.

바로 '1/10의 법칙'이다.

강의 준비를 도와 준 조교와 연구진들이 1년 후에 나의 곁에 남아 있는 비율은 10% 정도다. 내 경험에 의하면 함께 일하던 조교와 연구진 10명 중에서 1년 후에는 1명 정도만 남는다. 처음에는 떠나간 9명이 원망스럽고 무책임하다는 생각을 한다. 그리고 "내가 무엇을 잘못해서 떠날까?"라고 스스로에서 물으며 원인을 찾으려는 노력도 많이 했다.

모든 사람들은 각자 하고 싶은 일이 있다. 조교로 일하면서 그들이 얻으려고 했던 것은 수입이다. 노력에 대한 대가가 적다고 생각되면 자기가 하고 싶은 일을 하려고 떠나는 것은 당연하다.

조교들이 강사를 영원히 도와줄 수는 없다. 각자 해야 할 일, 하고 싶은 일이 다르기 때문에 언젠가는 떠난다. 나를 도와주던 10명의 조교 가운데 떠난 9명을 아쉬워하지 말고 남아 있는 한 사람을 소중하게 생각해야 한다. 함께 일하는 조교에게 하나라도 더 가르쳐주고 능력을 키울 수 있도록 도와주면 되는 것이다.

강한 강사의 자기 관리

강한 강사의 자기 관리

강한 강사가 되는 요건을 파악하라

선택하기 어려울 때는 철저하게
분석하라

남들과 똑같이 하면 굶어 죽는다

가뭄에 비가 오기만을 기다릴텐가?

밥 먹고 살아갈 이름을 만들어라

학생들이 거지같은 강사를 좋아할까?

강한 강사가 되는 요건을 파악하라

| 강한 강사의 특징

강한 강사는 어떤 모습일지 상상해보자. 많은 사람들이 강한 강사라고 하면 돈을 많이 버는 강사를 먼저 떠올릴 것이다. 하지만 돈보다 먼저 생각해야 할 것이 있다. 수업을 듣는 수강생들에게 강사가 어떤 모습으로 보이는지 생각해봐야 한다.

명쾌한 강의는 기본이고 말과 행동이 모범적이고 늘 일관성 있게 행동한다면 수강생들은 훌륭한 강사로 인정한다. 이런 모습을 보인다면 강한 강사로서 초석을 잘 다져 놓은 것이다. 하지만 강의를 잘 하고 모범적인 모습을 보이는 것만으로는 부족하다.

강한 강사는 자신의 강의 능력을 계발하고 누구보다 모범적인 모습을 보이기 위해서 스스로를 관리해야 한다. 강사의 자기관리는 매우 중요하다.

교사의 인성과 효과성에 대한 연구는 상당히 오래 전부터 시행되었고 다양한 연구결과들이 있다. 그 중 주목할 만한 것은 1960년 데이비드 리안스David Ryans에 의해 시행된 연구다. 이 연구에서 리안스는 교사의 요건을 다음의 도표와 같이 25가지로 나누었다.

각각의 항목은 열정, 관심, 절제, 유머, 객관성, 인내, 이해 및 배려, 다정함, 칭찬, 평등성, 학생의 능력 인정, 타인의 반응 여부, 격려, 강의의 융통성, 학생의 요구 수용여부, 강의의 연구, 설명의 다양성, 학습방향 제시, 학생의 자율성 부여, 질책의 효과성, 도움, 학생이 겪는 어려움의 예측성으로 구분했다.

항목이 상당히 많아 보이지만 실제로 교실에서 벌어지고 있는 일들을 정리한 것이다.

강사가 자기 스스로 부족한 부분을 확인하려고 해도 제대로 파악하지 못하는 경우가 많다. 다음 항목에 따라 강사로서 부족한 점이 없는지 확인한다면 보다 체계적으로 자기관리를 할 수 있고 현재 하고 있는 말과 행동이 옳은지 판단할 수 있다.

다음의 표를 통해서 강사로서 자신 강의 및 행동, 학생과의 관계에서 효율성을 판단해 보자.

	효율적인 행동	비효율적인 행동
1	정열적으로 가르친다.	냉담하고 싫증난 듯이 가르친다.
2	학생에게 관심이 많다.	학생에게 관심이 없다.
3	언제나 즐겁고 낙천적이다.	침울해 보이고 염세적이다.
4	교실에서 쉽게 화내지 않는다.	교실에서 쉽게 화낸다.
5	학생과 함께 놀이하는 것을 즐기고 유머를 발휘한다.	지나치게 심각하고 진지하다.
6	자신의 잘못을 학생 앞에서 인정한다.	자신의 잘못을 알지 못하거나 인정하지 않는다.
7	학생에게 공정하고 객관적이다.	학생에게 불공정하고 학생을 편애한다.
8	인내심이 많다.	인내심이 약하다.
9	학생을 이해하고 노력한다.	학생을 이해하지 못하고 때때로 조롱한다.
10	학생들 다정하고 따뜻하게 대한다.	학생과 거리를 두고 대한다.
11	교육적인 문제뿐만 아니라 학생 개개인의 신상문제도 도와준다.	학생 개개인의 신상문제에는 관심이 없다.
12	잘한 일에 대해서는 칭찬을 아끼지 않는다.	학생들을 칭찬하지 않는다.
13	공부를 못하는 학생이라도 그의 성실한 노력을 인정한다.	공부를 못하면 그의 성실성까지 의심한다.
14	언제나 타인의 반응을 받아들인다.	타인의 반응을 거부한다.
15	학생들이 항상 최선을 다하도록 격려한다.	학생들을 제대로 격려하지 못한다.
16	수업준비를 철저히 한다.	수업준비를 불성실하게 한다.
17	수업은 전체 계획 속에서 항상 융통성 있게 진행한다.	수업을 계획대로 철저히 실시한다.
18	개별 학생의 요구가 다름을 인정한다.	개인차를 인정하지 않는다.

19	흥미롭고 새로운 수업자료와 방법을 연구한다.	수업자료와 방법에 관심이 없다.
20	시범과 설명은 분명하고 구체적이다.	설명이 모호하고 시범이 불분명하다.
21	방향제시가 분명하고 철저하다.	방향제시가 불완전하고 모호하다.
22	학생이 스스로 공부하고 스스로 평가하도록 지도한다.	학생 개개인의 자율적인 학습을 인정하지 않는다.
23	야단도 조용히 위엄있게 치고 긍정적인 모습을 보여준다.	야단을 칠 때 잔소리가 많고 학생을 조롱한다.
24	기꺼이 도와준다.	도와주는데 인색하다.
25	잠재적 어려움을 예측하고 사전에 막으려 한다.	잠재적 어려움을 예측할 줄 모른다.

| 강사에게는 리더십이 필요하다

조직에서는 상사가 부하직원에게 명령할 수 있는 직무권한이 있다. 위계질서가 존재하기 때문에 명령하는 사람과 지시에 따르는 사람으로 나눠진다. 조직에서는 위계질서에 따라 직무권한이 부여되고 명령할 수 있다. 이러한 직무권한은 법적 권력legal power이므로 이론상으로는 조직 구성원들이 복종하고 통제에 따라야 한다.

예를 들어, 대학의 총장, 단과대학의 학장, 교육청의 교육감, 학교의 교장은 각 조직의 위계에서 가장 상위에 있다. 과거에 서당의 훈장들도 이처럼 최상위의 직무권한을 수행했다.

선생님도 마찬가지였다. 과거에는 학생들에게 훈계의 명목으로 사랑의 매를 묵인 혹은 허용하는 사회적인 분위기였다. 학생들이

나 학부모 역시 선생님을 대하는 것이 어렵고 선생님의 위치는 높았다. 사교육에서 강사도 학교 선생님만큼은 아니지만 암묵적으로 직무권한이 부여됐었던 것도 사실이다. 하지만 우리 사회도 서구화되고 민주적으로 바뀌면서 절대 권력이라고 생각했던 선생님, 강사의 권한도 서서히 그 위치가 낮아지게 되었다. 이제는 공교육 선생님의 법적인 직무권한인 교권을 걱정하는 수준을 넘어섰다.

학생들은 선생님을 노골적으로 무시하고 학부모들도 이해할 수 없을 정도로 선생님의 역할에 간섭한다. 이런 사회적 문제들을 선생님이 두려워해야 하는 상황이 되었다는 것이 씁쓸하기만 하다. 선생님을 무시하는 사회적 현상은 사교육 현장인 학원에서 더 두드러지게 나타난다. 강한 강사는 이처럼 사회적 문제로 어려운 상황에서도 강한 리더십을 발휘해야 한다.

20세기에 가장 영향력 있고 훌륭한 지도자로 불리는 마틴 루터 킹 목사Rev, Dr. Martin Luther Kimg, Jr나 마하트마 간디Mohandas Gandhi는 사회적인 리더였지만 강력한 위치에 있지 않았고 법적인 직무권한도 가지고 있지 않았다. 하지만 그들은 공공의 이익을 위해서 수많은 사람을 동원했고 사회적으로 큰 영향력을 행사했다.

마틴 루터 킹 목사와 마하트마 간디의 리더십은 어디에서 나왔을까? 기본적으로 법적인 직무권한은 상급자에게 '부여된 권한vested authority'이다. 반면 리더에게는 '위임된 권한entrusted authority'이 있다.

합법적으로 조직에 속해 있는 상급자는 하급자에게 권한을 행사할 수 있다. 마틴 루터 킹이나 마하트마 간디는 법적인 권력을 가진 사람들이 위임한 권한으로 많은 사람들의 입장을 대변했다.

안타깝게도 사교육에서 강사는 부여된 권한도 위임된 권한도 없다. 그럼 강사는 다른 리더들이 가졌던 것처럼 법적인 권력을 가진 사람들에게 권한을 위임받아 리더십을 발휘해야 한다. 학생과 학부모는 학원에서 수강할 때 학습에 대한 권한을 강사에게 위임한 것이다. 위임된 권한을 강사가 제대로 행사하지 못하면 학생과 학부모는 그 권한을 회수하게 되고 강사의 권위는 떨어진다.

권력의 종류는 다음과 같다.

- 보상적 권력(reward power) – 보상을 통제함으로써 사람들이 권력을 가진 사람에게 순응하도록 유도한다.
- 강압적 권력(coerce power) – 잠재적으로 처벌할 수 있는 자원을 통해 다른 사람들이 순응하도록 유도한다.
- 전문적 권력(expert power) – 다른 사람들이 간절히 원하는 지식을 보유함으로써 그로 하여금 권력 행사에 순응하면서 지식이나 혜택을 얻도록 유도한다.
- 합법적 권력(legitimate power) – 조직에서 직위에 따른 권한을 갖게 되면 조직의 다른 사람들은 권한에 복종할 의무가 있다고 인식하게 된다.
- 준거적 권력(referent power) – 권력을 가진 사람은 개인적인 카리스마나 다른 사람들에게 칭송받는 아이디어나 신념을 가지고 있다. 그러므로 다른 사람들은 권력을 가진 사람들과 어울리면서 가능한 한 그와 비슷해지려고 노력하게 된다.

강사들에게 보상적 권력 행사는 학생이 과제를 일찍 끝내면 먼저 귀가시키거나 능력에 따라 반을 편성하고 학습량에 대해서 차별하는 것이다. 다른 학생들에게 피해를 주는 행위를 했을 때 체벌이나 벌점을 부과하는 것은 학원 강사가 강압적인 권력을 행사하는 것이다.

전문적 권력은 교과목의 전문적 지식, 특목고 정보, 입시 정보나 컨설팅을 통해서 전문적인 지식을 제공했을 때 얻을 수 있는 권력이다. 합법적 권력은 학원 내에서 원장이나 팀장, 부장과 같은 직책에 따라 조직에서 부여해 준 권력을 의미한다. 마지막으로 도덕적 혹은 삶의 롤 모델이나 투철한 교육관으로 학생으로 하여금 비슷해지려고 하거나 같이 어울리고 싶게 하는 준거적 권력이 있다.

강사에게 위임된 권한을 적재적소에 행사해서 학생들을 이끌어야 한다. 이것이 강사가 발휘할 수 있는 리더십이다. 인터넷 강의를 하는 어떤 수학 선생님은 강의 중에 한 번도 농담을 하지 않는다. 강의를 다소 딱딱하게 진행하지만 많은 수험생들 사이에서 잘 가르치는 강사로 정평이 나있다. 학생들은 수학 선생님에게 더 좋은 강의를 기대하며 권한을 위임한 것이다.

인터넷 강의는 앞에서 설명한 것처럼 보상적 권력을 행사할 수도 없고, 강압적인 권력을 행사할 수도 없으며, 합법적인 권력도 가지고 있지 않다. 하지만 학생들은 모니터를 통해서 전문적인 권력에 따라 가르침을 받고 준거적 권력에 따라 행동한다.

| 탁월한 멀티플라이어가 되어야 한다

『멀티플라이어』리즈 와이즈먼, 그렉 맥커운 저에서는 사람들을 멀티플라이어Multiplier와 디미니셔Diminisher로 구분했다. 멀티플라이어는 천재를 만드는 사람이다. 책에서는 집단 지성 바이러스에 감염되는 조직을 만든다고 멀티플라이어를 정의했다. 반대로 사람들이 가지고 있는 지성과 능력을 사라지게 만드는 사람이 디미니셔다. 멀티플라이어와 디미니셔에게는 특징이 있다. 멀티플라이어는 냉철하고, 유머 감각이 탁월하다. 디미니셔는 다른 사람들의 자유를 구속하고 있다는 사실을 자신은 모른다는 것이 특징이다.

강한 강사도 멀티플라이어에 가깝다. 학생을 냉정하게 바라봐야 한다. 학생들에게 성과가 돌아오는 것에 왜곡이 없는지도 살펴봐야 한다. 유머 감각도 있어야 한다. 유머 감각이 필요하다고 해서 수업 중에 개그맨처럼 웃길 필요는 없다. 강의에서는 교과에 관련된 내용만 이야기하고 학생들에게 진정성을 보여줘야 한다. 강단에서 내려오면 따뜻하고 포근한 인간적인 면모를 보여주고 일상적인 농담을 나누며 웃을 수 있는 사람이 되어야 한다. 강사는 맺고 끊음이 확실해야 한다. 디미니셔처럼 학생들에게 자유를 구속한다는 생각이 들게 하는 것이 아니라 공부와 휴식, 칭찬과 훈계를 분명히 해야 강한 강사로 자리 잡을 수 있다.

사교육 업계에서 개인적으로 존경하는 인물이 있다. 바로 메가스터디의 손주은 대표이사다. 손주은 대표를 역할모델로 삼은 강사들도 많을 것이다. 음지에서 일하던 학원 강사를, 마치 공공의 적으로 보았던 사교육을 인터넷 강의를 통해 양지로 끌어냈다고 표현해도 과언이 아닐 것이다. 손주은 대표와 식사하는 도중에 나에게 이런 질문을 했던 적이 있다.

"선생님! 혹시 선생님의 노력으로 학생들의 성적이 향상된 것 말고 오히려 선생님으로 인해 성적이 떨어진 애들을 조사해 본 적이 있습니까?"

솔직히 처음에는 질문의 의미를 제대로 이해하지 못했다. 강사인 내가 학생들의 성적을 올린 게 아니라 오히려 떨어뜨렸다고 하니 황당한 질문으로 들렸다. 그 당시만 해도 자신감을 넘어서 자만심이 가득 차 있었는데 질문의 의미를 이해할수록 이상하게 자꾸만 작아지는 느낌이 들었다. 인정하고 싶지 않지만 분명히 나의 강의를 들었던 학생들 가운데 원하는 대학에 합격한 학생도 있고 불합격한 학생도 있을 것이다. 식사를 하다가 손주은 대표가 나에게 했던 질문 때문에 나 자신을 돌아보게 되었다. 식사를 마치고 학원으로 돌아와서 수강생 데이터를 보았다. 나에게 강의를 듣고 대학에 불합격한 학생들의 수를 세어 보았다. 합격한 학생보다 불합격한 학생이 훨씬 많았다. 수강생 데이터는 내가 멀티플라이어가 아니라 디미니셔라는 사실을 알게 해 주었다. 내가 얼마나 어리석은 생각을 해 왔는지 알게 된 후에 다시 스스로를 담금질하게 되었다.

선택하기 어려울 때는 철저하게 분석하라

분석한 데이터에 따른다

많은 사람들이 자기 자신을 평균 이상이라고 생각한다. 다시 말해서, 비관적인 낙관주의를 선택한다. 예를 들어, 학생들에게 '이 학급의 성적분포를 십단위 수로 나누었을 때 당신은 어느 범주에 속할 것으로 기대하는가?'라고 물으면 자신이 50% 이하라고 생각하는 학생은 5% 미만에 불과하다. 대다수 학생들은 자신이 상위 20%에 포함된다고 대답한다. 대학교수들은 94%가 자신들이 평균적인 교수보다 낫다고 생각하는 조사 결과가 있다. 비관적 낙관론이 학생과 학자 모두에게 팽배해 있다는 건 부정할 수 없다.

강사는 어떨까?

"자기 자신이 평균적인 강사들보다 낫다고 생각하는가?"

이 질문을 했을 때 아마 책을 보는 강사들도 위에서 언급한 것처

럼 평균 이상이라고 대답하지 않을까? 이러한 비관적 낙관주의는
강한 강사가 되기 위한 객관적인 지표가 되지 못한다.

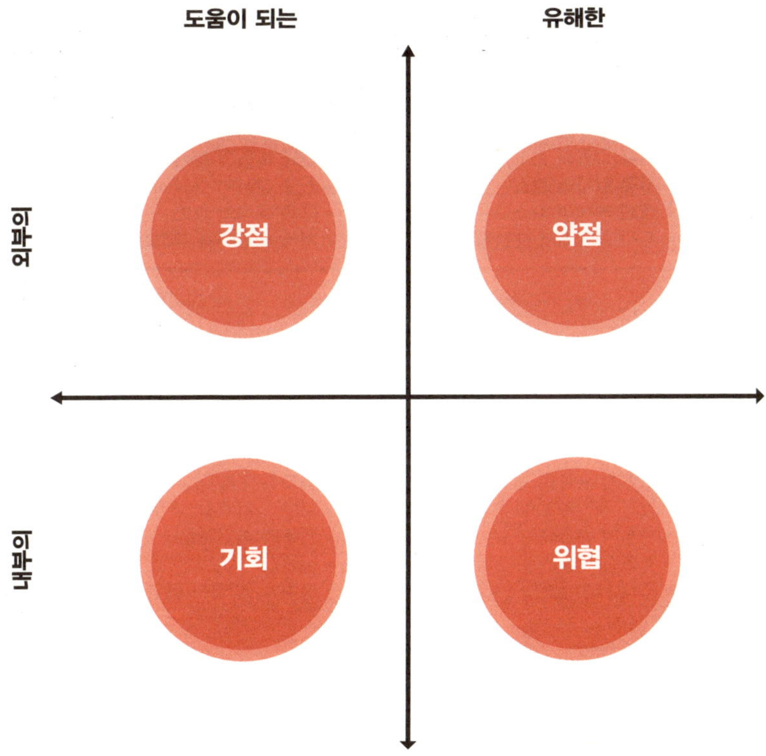

　기업의 환경 분석에 가장 많이 사용되는 SWOT 분석SWOT analysis이
다. SWOT 분석은 강점strength과 약점weakness, 기회opportunity와 위협threat 요
인으로 나누고 이를 토대로 마케팅 전략을 수립하는 방법이다.
SWOT 분석은 강사에게도 요긴하게 쓰인다. 특히, 새로운 강의를
개발하거나 기존의 강의를 점검할 때 아주 유용하다.

외부적으로 사교육 시장과 강사의 환경에서 강점과 약점은 교육 시장의 규모변화, 시장의 성장성, 학원의 증감, 교육 소비 주체의 증감, 신규 학원의 증감, 신규 강사의 증감, 대체 교육 매체의 증감인터넷 시장의 증감, 학습지의 증감 등, 재직하고 있는 학원 내 경쟁 강도 등이 있다.

내부적으로 강사의 기회와 위협은 강사의 명성, 강사의 시장 점유율, 강사의 강의 만족도, 학생, 학부모와 커뮤니케이션, 수강료의 적절성 여부, 강사 자신에 대한 자기 계발 및 투자 여부, 연봉의 안정성 여부, 직원과의 유대성, 조직 내의 리더십 등이 있다.

강사의 내·외부 강점과 약점, 기회와 위협 요인을 점검해서 전략을 크게 네 가지로 구분할 수 있다. 강점-기회SO전략, 강점-위협ST전략, 약점-기회WO전략, 약점-위협WT전략을 강사의 입장에서 생각해보자.

강점-기회SO전략은 교육시장의 기회를 활용하기 위해 강점을 사용하는 전략이다. 강점-위협ST전략은 시장의 위협을 회피하기 위해 강점을 사용하는 전략을 선택한다. 또한 약점-기회WO전략은 약점을 극복함으로써 시장의 기회를 활용하는 전략을 고민할 때 유용하다. 마지막으로 약점-위협WT전략은 시장의 위협을 회피하고 약점을 최소화하는 전략을 구사하게 된다.

강단에서 강사는 늘 고민에 빠진다. 강사가 학원을 옮길 때도, 새로운 강의를 만들 때도, 기획한 강의에 대한 반응이 좋지 않을 때 고민하게 된다. 강사로서 능력을 키우고 싶을 때, 강사가 자신의 장점과 단점을 모를 때, 이 외에도 강사에게 고민이 되는 순간은 무수히 많다. 그럴 때는 SWOT 분석SWOT analysis을 통해서 자신의 위치를 확인하고 판단해야 객관적인 시각으로 자신을 바라볼 수 있다.

| 새로운 것, 자신 있는 것, 즐기는 것

『시크릿』Rhonda Byrne이라는 책이 몇 년 전에 큰 주목을 일으킨 적이 있다. 이 책에는 '끌어당김의 법칙law of attraction'이라는 이야기가 나온다. 끌어당김의 법칙은 비슷한 것끼리 끌어당긴다는 내용이다. 어떤 생각을 하면 그와 비슷한 생각들이 떠오른다는 것이다. 무언가를 이루고 싶고 꼭 성취하고 싶으면 당연히 기대를 하게 된다. 간절히 기대하면 강력하게 그 무언가를 끌어당기게 된다. 그러므로 원하는 것은 기대하고 원치 않는 것은 기대하지 말아야 한다고 이 책의 저자는 주장한다.

강의를 하다보면 여러 가지 상황이 발생한다. 강의 준비를 해야 하는데 기존에 해왔던 강의에서 형식을 완전히 바꿔야 할 때가 있고, 눈을 감고도 할 수 있는 자신 있는 내용이 있을 수도 있다. 강의 내용에 자신 있다면 학생들이 무엇을 궁금해 하는지 이미 알고 있기 때문에 수업을 즐기면서 할 수 있다.

만약 여러 가지 상황에서 선택을 해야 한다면 과연 어떻게 하는 것이 정답일까? 판단하기는 쉽지 않다. 새로운 형식으로 강의 내용을 전달하려면 강의 준비를 하는 동안 강사의 능력을 배가 시킬 수 있지만 위험도 따른다. 새로운 형식의 강의에 대한 학생들이 반응이 좋지 않으면 도전에 대한 의욕이 사라지고 위축감이 드는 게 사실이다. 자신 있는 내용을 이전에 했던 대로 강의하면 눈을 감고도 할 수 있기 때문에 강사 자신의 발전적인 측면에서는 그리 좋지 않은 결과를 초래한다.

강의를 수년 동안 하고 경력이 쌓이면 새로운 형식보다 기존에 하던 수업을 고집하면서 매너리즘에 빠진다. 시간이 더 지나면 이런 갈등도 하지 않게 된다. 수업에 대한 준비도 없이 기계처럼 강의를 하고 학생들을 대하는 경우도 생긴다.

 강사가 강의를 즐기면서 할 수 있는 상황이라면 그것보다 좋은 것은 없다. 강사는 새로운 것, 새로운 방식에 대한 두려움을 떨쳐내고 늘 새로운 형식의 강의를 즐기는 정신을 가져야 한다. 새로운 형식을 즐긴다는 의미는 강사가 충분히 준비하면 더 많은 가능성을 기대할 수 있고 자기 스스로 더 많이 얻을 수 있다는 뜻이다. 결과적으로 새롭게 준비한 강의가 실패했다 하더라도 부족한 부분을 수정, 보완해서 완성도 높은 강의를 만들려는 의지가 있어야 한다.

 새로운 방식을 회피한다는 것은 불안한 요소를 걱정하는 것이고, 그 불안한 요소는 강의 준비에 독이 되고 실제 강의에서는 부담으로 느껴진다. 강의하기 전에 거울을 보면서 자기 스스로에게 물어보아야 한다.

 "오늘은 어떤 방식으로 유쾌한 강의를 할까?"

 내가 자신 있게 할 수 있는 강의는 무엇인지, 그리고 강사 스스로 강의를 즐길 준비가 되어있는지 생각해 봐야 한다.

남들과 똑같이 하면 굶어 죽는다

| 시장이 성장하는 과정

우리가 흔히 쓰는 블루오션Blue Ocean이라는 말은 『블루오션 전략』에서 시장의 변화 과정을 설명하면서 등장했다. 예를 들어, 컴퓨터 산업의 경우, 1890년 미국 인구 조사 자료 기록과 분석을 위해 펀치카드식 도표 전산기를 발명하면서 업무 처리 기간을 5년이나 줄였다. 펀치카드식 도표 전산기를 만든 허먼 홀레리스Herman Hollerith는 TMC를 만들어 미국과 외국 정부기관에 판매하려고 했다. 하지만 기계 가격이 상당히 비싸고 관리가 어려워서 구입하려는 정부기관이 없었고 홀레리스도 회사를 운영하기 어려웠다. TMC는 CRT라는 도표 전산기 회사로 흡수되면서 컴퓨터 업계는 새로운 변화를 맞는다. CRT는 과거에 관리하기 어려웠던 부분을 과감히 교체하여 간결하게 모듈화해서 각종 데이터 관리에 효율성을 높였다.

이후 CRT는 급격하게 성장한다. 해외 시장에서 국제적인 위상을 반영해서 회사 이름을 바꾼다. 인터내셔널 비즈니스 머신즈 코퍼레이션International Business Machines Corp., : IBM, 우리가 너무나도 잘 알고 있는 IBM은 이렇게 탄생했다. IBM은 아무도 하지 않았던 사업을 시작하면서 새로운 시장을 만들었다. 이후 IMB은 눈부시게 성장했다. 업무용 PC를 공급했고 호환 가능한 소프트웨어, 주변기기, 서비스 패키지 등을 갖춘 다기능 컴퓨터, 그리고 현재의 PC시스템이라고 할 수 있는 하드웨어와 서비스, 소프트웨어를 각각 따로 판매하는 유통 시스템으로 시장을 계속 확대했다.

애플과 IBM은 개인용 컴퓨터 시장에 눈을 돌렸다. 집에 컴퓨터가 왜 있어야 하는지 몰랐던 사람들에게 개인용 컴퓨터의 필요성을 역설하면서 또 하나의 새로운 시장을 만들었다. 지금의 아이폰이나 아이패드의 근간이 개인용 컴퓨터에서 만들어졌다고 해도 과언이 아니다. 뿐만 아니라 컴팩Compaq은 PC서버 시장을 대중화시켰다. 과거에는 개인용 컴퓨터의 필요성만 인식했지만 컴퓨터 사이에 통신의 수요가 급증하면서 또 다른 블루오션인 PC서버라는 새로운 시장이 등장했다. 개인용 컴퓨터 혹은 기업용 컴퓨터 사이의 통신을 위한 컴퓨터의 필요성은 PC서버 시장의 확대를 가속화시켰다. 이후 컴퓨터 업계에는 델Dell사가 등장해서 저가형 컴퓨터 시장에서 블루오션을 개척하며 성장한다. 델에서는 완제품 형태로 나오던 개인용 컴퓨터를 사용자들의 요구에 따라 주문할 수 있는 구조로 판매 체제를 바꿨다. 또한 주문과정을 단순하게 바꾸고 중간 유통단계를 과감히 줄여서 주문 후 제품 수령까지 4주 정도 소요되던 유통기간을 단축하여 4일 만에 소비자가 주문한 제품을 받을 수 있게 유통과정을 개선했다. 이런 전략은 재고를 빠르게 감소시켰고 델은 사업적으로 더욱 성장하게 되었다.

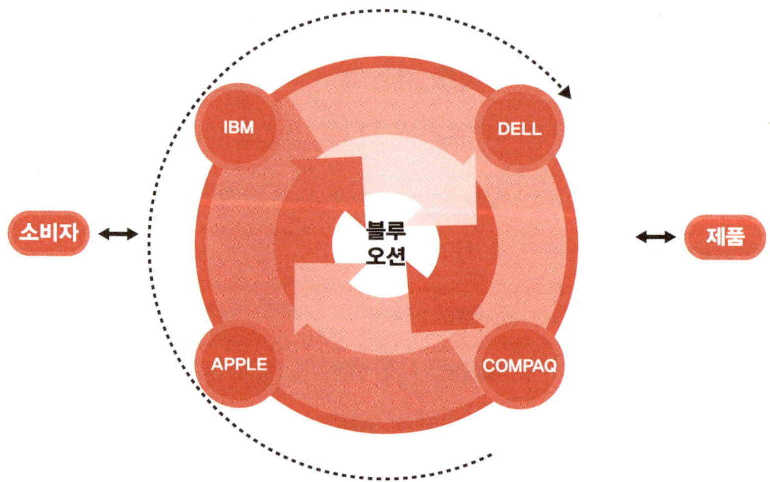

우리나라 교육계에도 많은 변화와 기회가 있었다. 짧은 성장기 동안 크고 작은 변화가 나타났다.

첫 번째로 교육과정에 따라 교과서가 바뀌었고 정권과 정책이 바뀔 때마다 교육과정과 정책에 크고 작은 변화가 있었다. 교육과정의 변화 속에서 늘 새로운 시장이 생겨났다. 시장의 변화는 사교육계에 블루오션을 만들었다. 실제로 사교육이 전면에 드러난 것은 우리나라에 본격적인 산업화가 도입된 2차, 3차 교육과정에서부터라고 할 수 있다. 당시에 가정교사는 부의 상징이었고 암암리에 행해지던 과외는 대학생의 수입원이 되었다.

학원에서 사교육이 본격적으로 시작된 것도 이때부터다. 학원 교육이 시작될 무렵에 능력 있는 학원 강사는 직접 학원을 운영하면서 새로운 시장을 만들었다. 사교육 시장에서 학원은 가장 확실한 블루오션이었다. 단과 학원도 이때부터 시작되었다.

이후 5공화국이 들어오면서 4차 교육과정에서는 대학생 과외를 금지했다. 그러면서 사교육에는 새로운 블루오션이 만들어졌다. 바로 카세트테이프로 진행되는 학습이었다. 카세트테이프 학습은 과외수요를 흡수했다. 학습을 보조하는 수단인 학습지가 나타난 것도 이때부터다. 학습지의 대표적인 브랜드는 '아이템플'이었다. 학원 교육이 활성화되면서 학습지와 카세트테이프를 활용한 교육은 자연스럽게 과외수요를 이어받았다.

이후 사회 각 분야에서 민주화 바람이 불면서 교육계도 여러 가지 규제가 풀리고 자율적인 분위기가 확산되었다. 교육의 자율성은 사교육 시장을 팽창시켰고 이때부터 학원의 성장기가 본격적으로 시작된다. 외고와 과학고 등 특수목적고가 확대되고 학력고사를 수학능력 시험으로 전환하는 등의 새로운 교육 환경은 사교육 시장의 확대를 더욱 촉진시켰다. 하지만 짧은 기간에 일어난 사회적 변화와 사교육 시장의 확대는 사교육비의 증가와 교육정책의 견제를 가져왔고 이후에 여러 가지 제한이 다시 만들어지게 된다.

블루오션이라고 생각되었던 사교육 시장도 이제는 레드오션이라고 말하는 사람들이 많아지고 실제로 학원 수의 급속한 감소는 피할 수 없는 현실이 되었다.

기간	시대별 특징	실물	내용
1955 ~ 1963	제1차 교육과정		국정, 검정, 인정으로 교과서가 발행되었는데, 국정·검정을 정규 교과서로 정하고 인정을 보조교과서로 규정했다.
1963 ~ 1973	제2차 교육과정	국어 2-1	2차교육과정은 미국의 진보주의 교육을 받아들여 경험중심, 생활중심의 교육과정 시기로 교과서의 내용도 5.16 군사혁명의 정신을 부각시킨 교과서가 발행되었다.
1973 ~ 1981	제3차 교육과정	음악	교과서 개편을 통해 민족주체성 확립, 전통과 개혁의 조화, 개인발전과 국가발전의 조화, 전인적 인간상, 비인간화의 회복, 한국인으로서 조화된 인격 등을 기를 수 있는 내용을 포함했다. 학문중심적인 교육과정의 정신을 크게 반영 민족주체 의식의 확립에 유념하여 교과서를 편찬했다.
1981 ~ 1987	제4차 교육과정		국민학교 1,2학년의 경우 공통된 요소가 포함되거나 상호관련성이 깊은 교과서를 하나로 통합했다. '우리들은 1학년', '슬기로운 생활', '즐거운 생활', '바른생활' 등의 통합 교과서가 편찬되었다.
1987 ~ 1992	제5차 교육과정	산수 익힘책 6-1	주교과서에 다른 보조교과서를 두어 종래의 1교과 1교과서 형식이 지닌 경직성, 획일성, 단순성으로부터 탈피했다.

기간	교육과정		내용
1992 ~ 1998	제6차 교육과정		전국적으로 통일성을 갖는 교육과정을 견지했다. 시·도 및 지역 교육청과 학교의 교육과정 편성·운영의 재량권을 점진적으로 확대했다. 학생들을 위한 교양 선택 과목의 개설했다.
1998 ~	제7차 교육과정		학생의 자기 주도적 능력과 창의력 신장을 목표로 개발될 당시에는 1종도서, 2종도서, 인정도서에서 국정도서, 검정도서, 인정도서로 재정립했다.

| 교육과정과 시대별 특징
출처:사이버 교과서 박물관(www.textlib.net)

| 진입장벽이 높은 쪽에 해답이 있다

우리가 강한 강사로 성장하려면 사교육 시장을 어떤 관점으로 봐야 할까? 그리고 무엇을 고민해야 할까? 마이클 포터_{Michael Eugene Porter} 경쟁전략 중 '5 Forces Model'을 사교육 환경에 적용하면 강사가 고민해야 하는 내용은 크게 다섯 가지로 구분할 수 있다.

- 사교육 시장에 새롭게 진입하는 학원 혹은 강사의 위협
- 기존 교육 시장에서 학원 사이의 경쟁 혹은 강사 사이의 경쟁
- 대체할 수 있는 교육 서비스의 위협
- 교육 서비스 구매자의 협상력
- 교육 서비스 공급자의 협상력

새롭게 진입하는 학원 혹은 강사의 위협은 사교육 시장에 진입하

는 실력있는 강사와 경쟁 구도의 학원이 늘어날 때 나타나는 위협이다. 기존 교육 시장에서 학원 혹은 강사 사이의 경쟁은 사교육 강사 혹은 학원 사이에 경쟁하는 정도를 나타낸다.

학원을 대체하는 교육 서비스는 여러 가지 형태로 존재한다. 학원을 대체하는 대표적인 교육 서비스는 공부방이다. 그리고 현장에서 강의하는 강사의 대체재는 인터넷 강의와 EBS 강의가 있다. 학원 강사를 대체할 수 있는 사람은 과외 선생님이다. 그리고 가장 중요한 것은 교육 서비스를 선택하고 이용하는 구매자, 즉 학생과 학부모다. 교육 서비스의 사용자인 학생과 학부모의 선택권은 강사에게 기회 혹은 위협으로 작용한다. 특히 강의를 진행하는 학원은 강사 또는 수업을 교체하는 비용이 적게 들 때 교육을 구매하는 학생과 학부모는 강력한 위협이 된다. 반대로 학원이나 강사를 교체하는 비용이 커질 때, 즉 차별화된 강의를 제공할 경우 다른 강의로 전환이 어렵기 때문에 학부모나 학생들의 이탈을 방지할 수 있다.

강사가 학원 강의를 시작할 때 고려하여야 할 것이다. 기본적으로 어떠한 시장이든지 신규 진입을 하려면 진입장벽이 낮고 기존 경쟁자의 견제가 적으면 진입은 쉽다, 하지만 반대로 많은 경쟁이 도사리고 있다. 많은 사람들이 쉽게 들어와 경쟁을 하기 때문일 것이다. 그런데 만약 진입장벽이 높으면 업계의 경쟁은 낮아지게 된다. 즉, 신규 진입으로 얻은 이익인 진입장벽이 기존 강사나 학원의 견제를 상쇄하고도 남으면 분명히 승산이 있다는 것이다.

퇴직자들은 은퇴 후에 다른 일을 하기 위해서 자영업을 선택한다. 퇴직자들이 가장 많이 선택하는 업종이 식당이다. 식당은 다른 업종에 비해서 진입장벽이 낮은 편이다. 지역에 따라 다르지만 기존에 영업 중인 식당의 견제도 매우 적다. 하지만 식당들 사이의 경쟁은 매우 치열하다. 그렇다보니 식당을 창업했다가 실패하는 사람이 많은 것이다.

영화배급사나 영화상영관 사업은 진입장벽이 매우 높다. 누구나 할 수는 있지만 이런 업종에 뛰어들려면 엄청난 자본이 필요하다. 바로 자본이 진입장벽인 것이다. 여기서도 경쟁은 존재한다. 하지만 자본을 바탕으로 영화 시장에 진입하면 배급과 상영 부분에 독과점이 형성되어 있으므로 생존하기는 유리하다.

사교육 시장에서 레드오션이라고 생각되는 분야에 뛰어드는 어리석은 강사나 원장은 없을 것이다. 시장에 진입하는 사람들은 모두 블루오션이라고 생각한다. 그리고 자신이 진출한 분야가 분명히 잘될 것이라고 생각하고 고민과 연구를 한다. 강의준비도 열심히 하고 강의에 특별한 요소를 넣기 위해 노력한다. 그런데 이렇게 생각한 블루오션이지만 그곳은 생각보다 경쟁이 치열하고 성공하기 어려운 곳일 수 있다. 실제로 블루오션은 진입장벽이 높은 곳일수록 오래 지속된다.

강사가 아르바이트라는 생각을 버리고 본격적으로 학원가에 뛰어 들었을 때 한 원장님을 엄청나게 원망한 적이 있었다. 학생 수가 줄어서 학원 운영이 어려워질 정도가 되자 학원장이 나를 불렀다. 학원장은 좋은 기회가 왔다고 나를 유혹했다. 이제 고등학교 전 과학영역을 다 훑어볼 수 있는 좋은 기회라는 것이었다. 물리1, 화학1, 생물1, 지구과학1 과목을 혼자서 강의해 보는 것이 어떻겠냐고 물었다. 그때는 그렇게 해도 되는 줄 알았고 오히려 기회를 주셔서 고맙다며 강의를 맡았다.

학교에서 기말고사를 보고 학기를 마무리할 때가 되자 학원장은 조금 더 무리한 요구를 했다. 지난번에 물리1, 화학1, 생물1, 지구과학1을 수업을 한 후 학생들의 반응이 좋아서 이번에는 물리2, 화학2, 생물2, 지구과학2 과목까지 총 8개의 과목을 혼자서 강의하는 게 어떻겠냐고 물었다.

나는 이때부터 고민에 빠졌다. 물론 할 수 없었던 건 아니지만 혼자서 8과목을 맡아서 수업하는 강사도 없었고 이렇게 여러 과목의 방대한 범위를 제대로 강의할 수 있을지도 의심이 들었다. 무엇보다 여러 과목을 한꺼번에 강의해도 수입이 두세 배 늘어나는 것은 아니었다.

하지만 '지금 힘들면 나중에 무언가는 남겠지'라는 생각을 했다. 처음에는 강의 준비도 너무 힘들었고 전공하지 않은 영역이라서 강의할 내용을 거의 외우다시피 했다. 여러 가지 어려운 부분이 있었지만 강의를 하면서 극복해냈다.

학원은 일반적으로 주요과목 즉, 국어, 영어, 수학 시간을 먼저 배치하고 나머지 사회나 과학을 배치하는 게 일반적이다. 하지만 이 당시 학원에서는 순서가 바뀌어 과학을 먼저 시간표에 배치하

고 주요과목을 나머지 시간에 배치하는 웃지 못 할 상황이 펼쳐졌
다. 이렇게 하라고 지시한 학원장과 그것을 수용할 수밖에 없는
학원 관계자들이 원망스러웠지만 2년 넘게 그런 방식으로 수업을
진행했다.

어렵게 강의하던 시기의 경험은 나에게 알토란 같은 기회가 되었
다. 나중에 자연계 입시를 준비하는 학생들에게 강의할 때 엄청난
장점으로 작용했기 때문이다. 자연계 논술과 면접시험에서 통합형
문제의 비중이 늘었고 물리, 화학, 생물, 지구과학, 수학에서 배운
내용이 섞여서 출제되었다.

통합형 문제를 푸는 것은 결코 만만하지 않았다. 하지만 나는 강
사 일을 시작했을 때 강의했던 8개 영역과 대학에서 전공한 과목
을 바탕으로 다른 강사들이 강의할 수 없는 내용으로 진입장벽을
만들었던 것이었다. 결국, 교육 시장의 블루오션은 가장 어려운
곳, 가장 힘든 곳, 진입장벽이 높은 곳이라는 사실을 알게 되는 데
는 오랜 시간이 걸리지 않았다.

가뭄에 비가 오기만을 기다릴텐가?

| 발상의 전환이 필요하다

과거에는 가뭄이 들면 비를 내리지 않는 하늘만 원망했다. 기우제를 지내면서 신에게 비를 내려달라고 기원하기도 했다. 언제부터인가 인간은 물을 모아두는 저수지를 개발했고 땅 속의 물을 퍼올리는 지하수 기술도 발전시켰고, 지금은 항공기를 이용해서 인공강우를 뿌리는 실험도 성공을 거두었다.

강의도 마찬가지다. 하늘만 쳐다보고 비가 오기만을 기다리는 것이 아니라 지하수를 찾고 저수지나 댐을 만들어 물을 가두어두고, 그래도 물이 부족하면 인공적으로 비가 내리도록 시도하는 것처럼 적극적이고 능동적인 자세가 필요하다.

사회탐구 영역에서 강의를 잘 하기로 소문난 강사가 몇 사람 있다. 이 강사들은 학생들을 가르치는 능력이 뛰어나고 무엇보다 발

빠르게 사회·경제 분야에서 일어나는 일들을 학생들에게 전달해 주기 위해서 부단히 노력한다. 미국에서 9·11 테러가 발생했을 때는 피해 현장을 촬영한 동영상을 입수해서 보여주며 당시의 충격과 아픔을 전해주었고, 학습 내용 가운데 중국 역사에 대한 이해가 필요한 부분에서는 역사책에서 설명하는 내용과 관련된 장면과 동영상들을 모아서 강의 중에 보여주었다. 영상과 사진 자료를 보면서 공부한 학생들은 설명만 듣는 것보다 수업내용을 훨씬 오랫동안 기억할 것이고 강사의 노력에 감사할 것이다.

학생들의 집중력 향상을 위해서 강사가 링컨처럼 분장하고 강의를 하기도 하고, 한국 근대사를 가르칠 때는 김구 선생님이나 독립투사로 분장하기도 한다.

학원 강사는 단순히 잘 가르치는 것만으로는 부족하다. 학생들이 집중하게 만드는 도구를 적시적소에 활용해야 하고 강의가 지루하지 않도록 오락적인 요소도 자연스럽게 가미해야 한다. 무엇보다 중요한 것은 기존의 학원 강의에서 벗어나 다양한 발상을 실현해야 한다. 모든 강사들이 앞에서 예로 든 사회탐구 영역의 강사들처럼 해외 자료를 구하거나 힘들게 분장해야 하는 것은 아니다. 학생들의 기억에 오래 남는 수업을 하고 싶은 마음과 학생들에게 하나라도 더 가르쳐주기 위해서 고민해야 한다. 칠판에 간략한 설명을 적고 말로 설명하는 것보다는 이해를 돕는 동영상, 핸드폰으로 촬영한 현장 사진 한 장으로도 학생들의 주위를 집중시킬 수 있다.

광고에서 사용하는 기발한 발상 기법을 정리한 '201가지 발상법'이 있다. 이것은 스테판 베이커_{Stephen Baker}가 만든 발상법으로 광고, 마케팅 쪽에서 발상을 전환하는 방법으로 자주 사용된다. 이런 발상법은 강사에게도 매우 유용하다. 이 발상법에 따라 강의를 기획하면 다양한 시각에서 접근할 수도 있다.

201가지 발상법

1. 거꾸로 해 보라
   (turn upside down)
2. 늘려 보라
   (stretch it)
3. 줄여 보라
   (shrink it)
4. 색깔을 바꿔 보라
   (change it's color)
5. 더 크게 표현해 보라
   (make it bigger)
6. 더 작게 표현해 보라
   (make it smaller)
7. 둥글게 표현해 보라
   (make it round)
8. 한 칸에 표현해 보라
   (make it square)
9. 더 길게 표현해 보라
   (make it longer)
10. 더 짧게 표현해 보라
    (make it shorter)

11. 시각적으로 표현해 보라
    (make it visual)
12. 주어진 여건에서 최대한 표현해보라
    (make the most out of a circumstance)
13. 글로 써 보라
    (put it into the words)
14. 음악으로 표현해 보라
    (put it to music)
15. 말과 음악을 붙여 보라
    (combine words and music)
16. 말과 음악, 그림을 붙여 보라
    (combine words, music, picture)
17. 그림과 음악을 붙여 보라
    (combine picture and music)
18. 말을 없애 보라
    (eliminate the words)
19. 그림을 없애 보라
    (eliminate the picture)
20. 소리를 낮춰 보라
    (silence it)

(중략)

200. 단순화해 보라
     (simplify it)
201. 이상의 무엇이든 결합해보라
     (combine any of the above)

▎융합은 새로운 무언가를 만든다

새를 잡기 위해 새총을 만든다고 생각해보자. 우리는 Y자 모양의 나뭇가지를 구한다. 그런 다음 Y자 모양의 나뭇가지 양 끝에 고무

줄을 건다. 새를 잡기 위해서 작은 크기의 돌을 구해서 고무줄에 끼우고 줄을 당겨서 Y자 가운데를 정확히 겨냥한 다음 당긴 고무 줄을 놓는다. 작은 돌이 날아가서 새를 맞춘다.

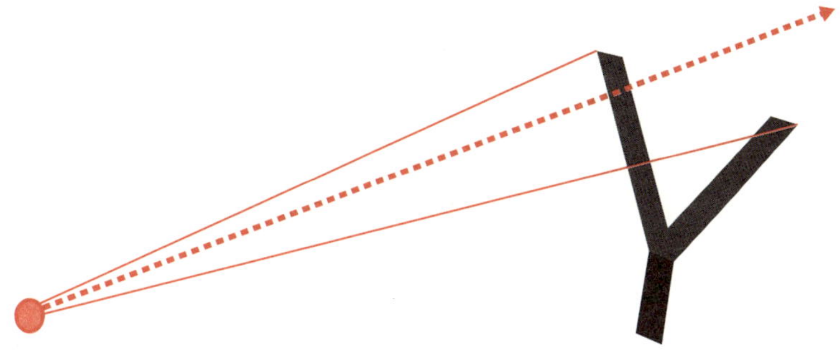

바로 이렇게 새총을 쏘는 과정에서 융합을 발견할 수 있다. 융합 은 이미 세상에서 화두가 된지 오래다.

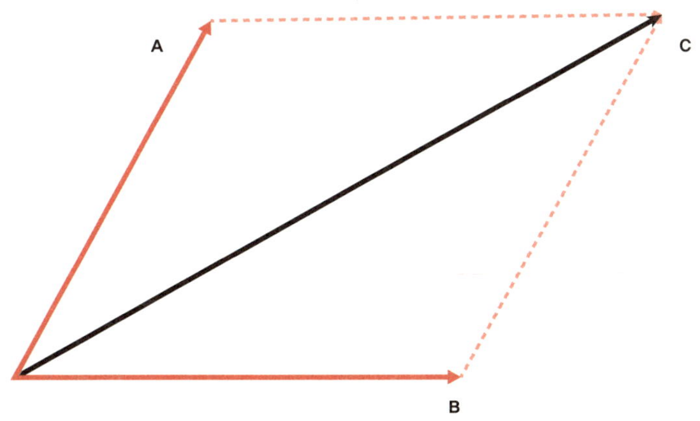

융합fusion은 다양한 모습으로 활용된다. 개인이 활용할 수 있는 지 식을 융합하기도 하고 학문 사이에 관계를 파악해서 협동 연구 등 으로 상상하지 못했던 새로운 결과물을 만들기도 한다. 서로 다른 영역 사이에 결합은 사회에서도 빈번하게 일어나고 있다.

융합의 효용가능성을 설명할 때 벡터의 합을 나타내는 그림으로 표현한다. 융합은 Y자 모양 나뭇가지와 고무줄로 새총을 만드는 것이다. 서로 다른 방향으로 진행하는 A와 B라는 지식들이 존재한다. 서로 다른 방향으로 진행하는 지식을 더하면 C와 같은 새로운 방향으로 진행하는 지식이 만들어진다. A와 B보다 훨씬 먼 곳에 위치하고 있으며 힘의 크기도 더 큰 C가 등장하는 것이다. 이것을 융합의 벡터모형이라고 한다.

융합의 가장 대표적인 사례가 과학사에서 2극 진공관의 발명이다. 2극 진공관은 좀 생소하게 들리겠지만 초기의 전자기기에 주로 사용된 부품이다. 트랜지스터라는 집적 반도체가 나오기 전까지는 제1세대 컴퓨터에서 핵심부품으로 사용되었다.

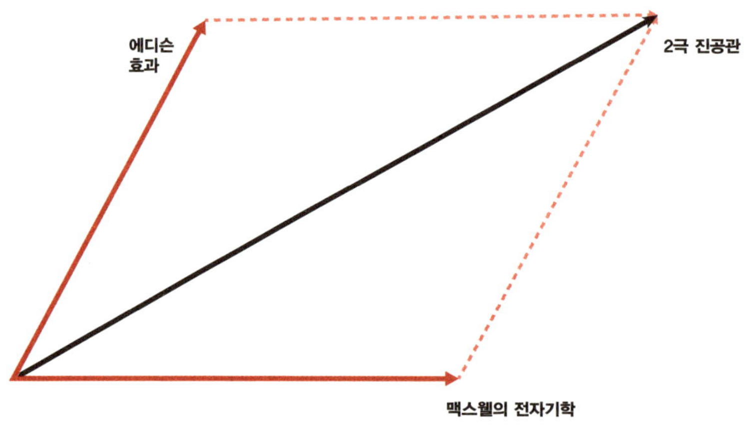

2극 진공관에는 앞에서 언급한 새총 모양의 Y자 나뭇가지, 즉 A와 B의 융합과 같은 이론이 있었다. 우리가 발명가로 잘 알고 있

는 에디슨의 에디슨 효과와 멕스웰의 전자기학이 그것이다. 에디슨 효과는 전구, 램프기술이고 맥스웰의 전자기 이론은 전기와 자기장의 관계를 설명한 것으로 두 이론은 전혀 다른 이론이고 서로 관계가 없었다. 하지만 이 두 가지를 결합해서 2극 진공관이 탄생했고 지금 우리가 사용하는 모든 전자제품의 시초가 된 것이다. 스마트폰, 컴퓨터, 냉장고, 텔레비전에도 융합이 숨어 있다.

그렇다면 강사에게 융합은 무엇일까?

우리는 융합을 이미 경험하고 있다. 뛰어난 IT기술에 뛰어난 강사의 강의를 결합해서 인터넷 강의가 탄생했다. 불과 10여 년 전만 해도 상상하기 어려웠던 시도가 이제는 현실이 된 것이다. 강사들에게는 새로운 기회가 생긴 것이다. 인터넷 강의의 시작은 교육시장을 재편했고 여러 가지 파급효과를 가져왔다.

교육적으로는 뛰어난 강사의 강의를 저렴한 수강료 또는 무료로 제공하여 교육 소외계층에게 평등한 교육의 기회를 제공한 것은 매우 긍정적인 효과다. 앞으로는 인터넷 강의보다 한 차원 업그레이드 된 교육 서비스가 개발될 것이다. IT 기술의 발달로 책상을 벗어나 스마트폰이나 태블릿PC로 강의를 보고 들을 수 있는 단계까지 와 있다. 여기까지는 기술 발달에 따른 강의 형태의 변화다.

강의는 또 다른 방향으로도 발전하고 있다. 바로 학습의 다양성이다. 과거에는 실험이나 현장답사를 해야 경험할 수 있었다. 하지만 요즘은 발달된 정보환경 덕분에 다양한 방법으로 현장에 접근할 수 있게 되었다. 공룡 발자국을 보려고 공룡이 살던 곳에 가지 않아도 3D 입체 화면으로 공룡이 살던 시대를 살펴볼 수 있게 되었고 유물이나 유적이 발굴된 곳에서 생활했던 모습을 볼 수 있게 되었다.

체험할 수 있는 학습 환경이 갖춰지면서 강사는 해야 할 일이 훨씬 많아졌다. 학부모나 학생이 사교육 시장에서 요구하는 수준도 높아졌기 때문이다.

융합의 관점에서 학습내용을 전달하는 방법을 생각해야 한다. 앞으로는 학생들이 다양한 관점에서 생각할 수 있도록 강의를 준비해야 학생과 학부모의 기대에 부응할 수 있다. 지도하는 과목에 국한해서 강의를 준비할 것이 아니라 다른 영역에서 사용하는 교수법 혹은 다른 분야에서 사용하는 평가방법 등을 도입해서 새로운 교육을 실천해야 한다.

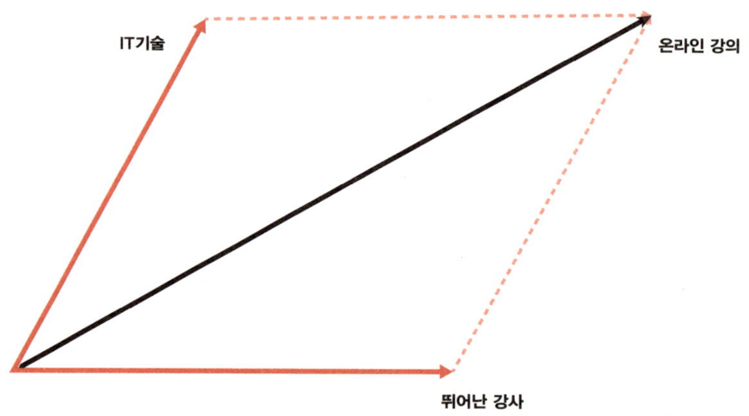

예를 들면, 심리학과 교육평가를 결합한 교육 컨설팅이나 미술교육과 심리학을 결합한 심리상담 등을 통해서 교육 분야에 새로운

영역을 개발하는 것이다. 수학, 과학 과목에서 이론이 실제로 적용되는 과정을 일상적인 사례와 실험 등으로 보여주어 이해를 돕는 방식의 설명도 이제는 많아졌다. 어쩌면 융합은 거스를 수 없는 큰 흐름이 되었고 그 흐름에 편승해야 뒤쳐지지 않는 강사가 될 것이다.

| 영역을 벗어나서 네트워크로 협력하라

세계적인 석학 앨빈 토플러Alvin Toffler는 『제3의 물결』에서 컴퓨터나 통신망의 발달에 따라 사람과 사람의 직접적인 접촉이 감소하여 인간관계가 희박해진다는 것은 소박하고 천진스런 염려라고 했다. 오히려 그 반대가 될 가능성이 있으며 사무실이나 공공장소에서 인간관계는 줄어들어도 새로운 기술에 의해 유대감은 더욱 강화될 것이라고 주장했다.

특히 컴퓨터나 통신망의 발달은 사람들 사이에 유대감을 높이는 데 도움이 될 것으로 예상하기도 했다. 지금의 상황을 보면 앨빈 토플러가 1980년에 쓴 책의 내용과 거의 일치한다.

사람들이 만나서 얘기하지 않아도 SNS나 이메일, 스마트폰 메신저로 상대방과 만날 수 있다. 중요한 것은 기술의 발달은 인간관계가 소원해지는 것이 아니라 오히려 인적 네트워크를 견고하게 만들었다. 페이스북을 통해서 '좋아요'라는 의견을 전달하고 멀리 있어서 소식이 궁금한 사람들과 쉽게 교류할 수 있어서 물리적인 거리감은 오히려 사라지게 되었다. 특정 영역이나 지역에 국한되던 사람과 사람 사이의 관계가 기술의 발달을 통해서 점점 더 가까워졌고 인적 네트워크의 중요성이 더욱 부각되었다.

강사는 지역적인 한계를 벗어나야 하고 기존에 가르치던 영역에서 확장하는 것에 대한 두려움을 떨쳐내야 한다. 다시 말해서, '멀어서 못해', '몰라서 못해', '안 해봐서 못해'가 아니라 시각을 확대할 필요가 있다. 이제 지역과 영역에서 벗어날 준비를 해야 성공할 수 있다. 학생수는 감소하고 지역의 사교육은 포화 상태다. 정부의 교육 정책은 사교육 시장을 위주로 하지 않는다. 강사는 거주하는 지역이나 유망한 지역에서만 강의하지 말고 지역적인 한계를 넘어서야 한다. 자신의 영역과 과목만 고집하는 게 아니라 다양한 사례와 영역·과목의 접목을 통해서 강의를 다양하게 하는 것도 고민해야 한다. 지역과 영역의 다원화는 강사 혼자의 힘으로는 이루기 어렵다. 인적 네트워크가 효과를 발휘할 때 비로소 이루어질 수 있다. 함께 일하는 강사들과의 관계를 돈독히 하고 학원장들의 도움도 절대적으로 필요하다. 그리고 교육 기관, 소모임, 스터디 그룹, 교육관련 포럼에서 활동하며 자신의 역량을 계발하고 관련 웹사이트와 카페 등을 이용해서 적극적으로 활동해야 지역의 한계를 뛰어 넘을 수 있다.

강사가 가장 중요하게 생각해야 하는 인간관계는 학생과 학부모다. 과거에는 강의를 잘하고 학부모 상담을 성의껏 하는 것이 전부였지만 이제는 강사와 학생·학부모 사이에 인간적인 교류도 상당히 중요해졌다. 강사가 학생·학부모에게 접근하는 방식도 다양해졌다. SNS나 문자메시지, 카페, 홈페이지 등을 통해서 학생·학부모와 교류할 수 있다. 강사 입장에서는 시간과 공간을 초월해서 학생·학부모와 의견을 나누는 수단으로 활용할 수 있고 새로운 마케팅의 수단으로 활용할 수도 있다.

요즘은 스토리텔링Storytelling을 마케팅 방법으로 활용하는 것을 종종 볼 수 있다. 스토리텔링을 이용하면 재미있고 생생한 이야기를 전달할 수 있다. 거창해 보이지만 스토리텔링은 먼 곳의 이야기가 아니다. 학생들에게 관심을 갖고 교류하면 자연스럽게 학생에서 학생으로, 학생에서 학부모로, 학부모에서 학원장으로 전달되는 것이 바로 스토리텔링다.

| 기동력, 강사에게 필요한 또 하나의 능력

오전에 광주에서, 오후에 부산에서 강의를 하러 가는 가장 빠른 방법은 무엇일까?

매우 곤란한 질문일 것이다. 차로 이동한다면 남해 고속도로나 88고속도로를 타고 이동해야 한다. 그런데 남해 고속도로는 많이 돌아가고 88고속도로는 편도 1차, 왕복 2차로이며 가드레일 또한 드물어서 사고가 많이 나는 아주 위험한 고속도로로 소문이 자자하다. 시간상으로 촉각을 다투는 것이라면 차 또는 고속버스로 이동하는 것은 무리가 있다.

그럼 어떻게 하면 될까?

우선 광주에서 부산으로 가는 가장 빠른 방법은 바로 비행기 혹은

KTX를 이용하는 것이다. 그러면 2~3시간 정도면 이동할 수 있다. 열차 시간에 맞출 수 있다면 광주에서 서울까지 와서 서울에서 다시 부산으로 내려가면 된다. 조금 늦겠지만 광주에서 대전으로 와서 부산행 열차로 환승하는 방법도 고려해 볼 수 있다.

또한, 서울에서 만약 여수, 혹은 거제도에서 강의의뢰가 들어 왔다면 여러분은 어떻게 하겠는가?

많은 강사들은 "너무 멀어요!" 혹은 "지방이라 강의가 어려워요!", 여자 강사들은 "여자인 걸요!"라고 대답할 것이다.

강사에게 꼭 필요한 능력이 바로 기동력이다. 넓은 지역에서 강의할 수 있는 기회가 주어졌지만 이동하는 시간을 맞추지 못해서 강의시간에 늦게 도착하면 신뢰도는 당연히 무너진다. 그러므로 기동력을 발휘해야 한다. 좋은 차를 타거나 비행기나 열차의 VIP석으로 이동하라는 뜻이 아니다. 나름대로 기동력을 발휘할 수 있는 노하우를 쌓고 가장 효과적으로 이동하는 방법을 고안해야 한다.

강사를 먼 곳에서 기다려 주는 사람이 있다면 비용과 시간을 들여서라도 이름을 알릴 수 있는 기회로 활용할 수 있다는 것을 기억해야 한다. 내가 강의하는 학원에서 혹은 내가 강의하는 지역에서 벗어나야 새로운 시장을 만들 수 있다. 정책을 비판하고 경제를 한탄해 봐야 해결책은 나오지 않는다.

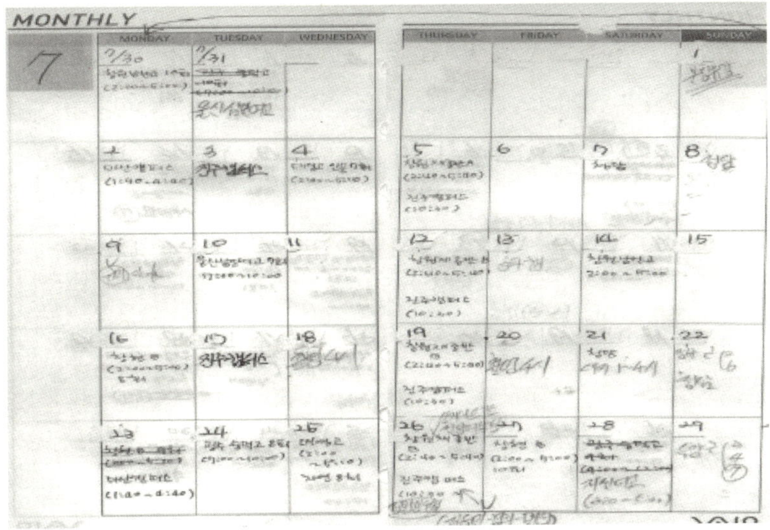

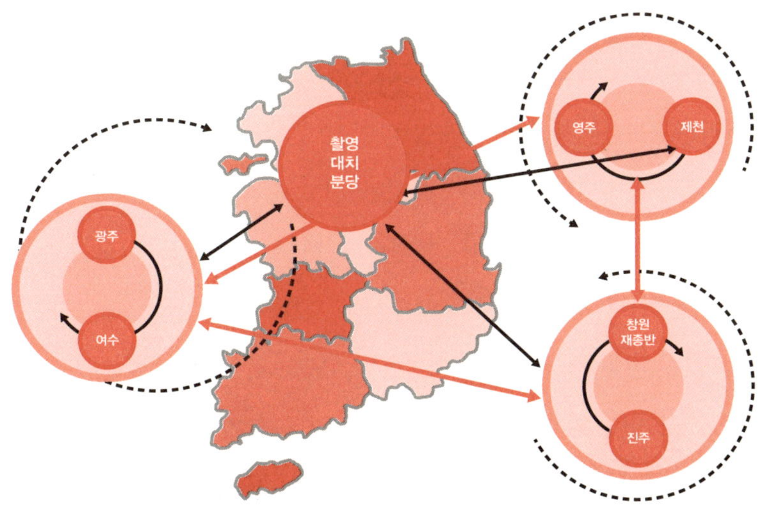

한 달 동안 강의 일정을 적은 다이어리다. 7월 15일 하루를 제외하고 전국을 다니며 강의했다. 강의 일정표에 따라 일주일 동안 이동경로를 지도에 표시했다.

밥 먹고 살아갈 이름을 만들어라

| 강사를 부르는 이름이나 별명이 있는가?

"마케팅은 제품의 싸움이 아니라 인식의 싸움이다."

우리는 뛰어난 제품이 마케팅의 열쇠이며 제품의 장점에 따라 성패가 결정된다고 생각한다. 하지만 실제로 마케팅에서 그러한 논리는 무너진다. 예를 들어, 혼다에서 만든 자동차를 미국과 일본에서 판매한다고 가정하자. 일본에는 경쟁사인 도요다, 닛산도 있다. 만약 판매방식이 동일하고 혼다, 도요다, 닛산에서 성능이 똑같은 자동차를 만들어서 판매한다면 미국과 일본에서 혼다, 도요다, 닛산에서 만든 자동차는 똑같은 판매 순위가 나와야 한다. 그런데 그렇지 않다. 만약 미국과 일본에 사는 친구가 혼다 제품을 샀다고 얘기를 한다면 서로 다른 얘기를 할 것이다.

미국에서는 다음과 같은 얘기를 할 것이다.

"어떤 차를 샀어?"

"차종은 뭐야?"

하지만 일본에서는 다음과 같은 얘기를 할 것이다.

"어떤 오토바이를 샀어?"

"오토바이 기종은 뭐야?

이것이 마케팅에서 말하는 '인식의 법칙'이다. 연예계에서는 본명 말고 가명으로 활동하는 사람이 많다. 할아버지 혹은 아버지가 지어준 이름을 마다하고 가명을 쓰는 이유는 TV나 영화에 출연한 배우, 음악을 하는 가수가 시청자나 관객, 팬들에게 각인이 되어야 하기 때문이다. 그리고 가명은 연예인으로서 경쟁력을 가지기 위한 방법으로 쓰기도 한다. 그런데 이런 가명 또한 쉽게 지어지는 것이 아니다. 앞에서 언급한 것처럼 마케팅의 '인식의 법칙'을 고려해야 한다.

사교육에서도 인식의 법칙이 적용된다. 인터넷 강의를 하는 강사, 학원에서 강의를 하는 강사들도 가명이나 별명을 종종 사용한다. 학생들이 부르기 쉽고 강사를 잘 나타내는 별명은 학생과 학부모들에게 자신을 알리는 수단이 된다.

대형학원에서는 수강신청서나 수업시간표에 강사의 이름을 쓰는 대신 수강기호로 간략하게 표시하는 경우가 있다. 예를 들어, 과학을 지도하는 김철수 강사의 강의는 과학에서 '과', 이름에서 한 글자를 따서 '과김', '과철', '과수'라는 수강기호를 쓴다. 수강기호도 강사를 알리는 마케팅 수단으로 쓸 수 있다. 분명한 것은 앞에서 설명한 것처럼 뛰어난 강의도 중요하지만 인식에 대한 부분도 무시할 수 없다.

사교육 시장에서 조금이라도 일해 보았다면 주변의 학원이나 교육업체에서 더 많은 학생과 학부모에게 브랜드나 특징을 알리기 위해 인식의 싸움이 얼마나 치열한지 잘 알 수 있다. 예를 들어, A학원은 특목고를 준비하는 중학생들에게 최고로 알려져 있다. 그런데 신기하게도 고등부에서는 철저하게 외면을 받고 있다. 또 고등학생을 잘 가르치는 대형 학원인 B학원은 초등부나 중등부 학생·학부모에게 외면을 받고 있다.

강사도 마찬가지다. 자신도 모르는 사이에 강사의 성향이나 특징이 학생과 학부모에게 인식되어 있을 수도 있다.

유치부 선생님, 초등부 선생님, 중등부 선생님, 특목고 선생님, 고등 내신 선생님, 수능 전담 선생님, 대학별고사 선생님 등으로 인식되는 것이 일반적이다. 레벨에 대한 특징을 드러낼 수도 있다. 최상위권 담당 선생님, 상위권 담당 선생님, 중위권 담당 선생님, 하위권 담당 선생님 등 여러 가지 특징을 인식시킬 수 있다.

가명이든 수강기호든 목적한 대로 학생과 학부모들에게 인식되면 그것처럼 좋은 것이 없다. 강사가 특목고 담당 선생님으로 인식되고 싶어서 수강기호에 '특'자를 넣었는데 학부모가 특목고 선생님으로 알고 있으면 인식이 성공한 것이다. 때로는 이러한 인식이 엇갈리는 경우가 있다. 학원의 사정이나 강사의 의지와 상관없이 상위권 학생을 가르치는데 학생들에게는 중위권 학생을 전담하는 강사로 인식되고 있다면 문제가 있는 것이다. 이런 경우 빠른 선택이 필요하다. 사람들에게 인식된 대로 성장의 기반을 다지는 방법과 기존의 인식에서 벗어나기 위해서 인식을 전환하는 방법 중에서 선택해야 한다.

하지만 인식을 바꾸는 것은 말처럼 쉽지 않다. 지금까지 쌓아 놓은 것을 바꾸기 위한 시간과 노력이 필요하다. 인식을 바꾸려면 브랜드, 이름, 별명, 수강기호 등도 바꾸고 다시 알려야 한다. 변화하려는 노력도 필요하다. 학원을 바꾼다거나 가명을 사용해서 이름을 바꾸거나 강의하는 지역을 바꾸는 등의 방법을 통해서 강사의 특징을 널리 알리고 인식의 변화를 유도해야 한다.

| 강한 이미지와 순한 이미지

마케팅에는 여러 가지 전략이 담겨있다. 마케팅 전략 가운데 학원과 강사에게 직접적인 영향을 주는 것은 포지셔닝_{positioning}과 공명, 정서전략이다. 포지셔닝_{positioning} 전략은 경쟁사들의 강점과 약점을 비교한 다음 경쟁사들이 차지하지 못한 틈새에 자리매김하는 것이다. 예를 들어, 상위권 학생을 전문으로 가르치는 강사가 전략적으로 중위권 학생들을 대상으로 강의를 개설하고 이를 알리는 것이다. 경쟁 학원에서 모방이 어려운 강의를 기획해서 포지셔닝 하는 곳도 있다. 대학 합격생 숫자, 중간·기말고사에 성적이 향상된 학생들을 홍보하는 방식은 학원에서 이미 많이 활용하고 있다.

경쟁사가 모방이 어려운 상품 특성에 의한 포지셔닝도 있다. 뛰어난 IT 기술을 접목한 인터넷 강의 사용, 앱의 사용 등도 대표적인 포지셔닝 수단이라 하겠다. 특정 상품의 이름만 들어도 전속 모델이 떠오를 정도로 강력한 포지셔닝도 가능하다. '한국사 강의'라는 말만 들으면 ○○○ 강사가 떠오를 정도라면 강사를 마케팅 수단으로 이용할 수도 있다.

가격에서 거품을 제거한 것처럼 가격과 품질을 비교해서 포지셔닝하는 학원도 있다. 이제는 모든 학원 광고에 수강료를 표시하도록 규정하고 있다. 강사마다 수강료를 다르게 책정하는 것도 하나의 마케팅 수단으로 활용할 수 있다. 다른 학원에서 따라 올 수 없는 저가 강의를 개설하거나 합리적인 가격으로 최고의 강의를 제공한다는 특징을 어필하는 전략, 수강료를 비싸게 책정하고 강의의 고급화를 시도하는 전략이 모두 가능해졌다.

'○○○할 때는 □□□브랜드'가 떠오르는 것처럼 목적을 제시해서 강의와 강사를 각인시키는 포지셔닝도 있다. 예를 들어, '내신대비는 ○○○선생님 수업을 따라올 수 없다', '영어 듣기는 ○○○선생님이 최고다' 등 특정 영역의 강사를 브랜드화 하는 것도 빼놓을 수 없는 전략이다.

상징을 활용하는 포지셔닝도 있다. 대표적으로 특정 기호나 선생님 캐릭터를 활용하는 방법이 여기에 속한다. 선생님의 캐릭터를 코믹하게 만들거나 제자들이 그린 선생님 그림 등을 활용하는 것도 좋은 마케팅 수단이 된다. 유명한 경쟁자들의 위상을 이용해서 포지셔닝할 수도 있다. 경쟁자의 높은 인지도를 활용해서 자신의 위치를 설정하는 방식이다. 예를 들어, 인터넷 강의나 가까운 지역에서 강의하는 유명한 강사의 인지도를 활용하면 1등을 할 수는 없지만 2위의 위상을 각인시킬 수 있다.

상품군을 활용하는 마케팅도 있다. 사회적인 이슈로 나쁜 이미지가 확산될 때 혹은 기존 강의와 차별화된 새로운 강의를 만들려고 할 때 사용하는 방법이다. 사교육 시장은 정책이나 사회적인 통념에 따라 많은 변화가 나타난다. 사람들의 인식이 바뀌면 그에 따라 새로운 강의를 내놓아야 하는 경우가 있다. 특목중, 특목고, 새로운 대입제도, 수능시험 과목의 변경에 따라 새로운 강의를 만들고 홍보하는 것이다.

사회적 쟁점에 따라 포지셔닝하는 경우도 있다. 과목과 연관된 사회적 현상을 강의 내용에서 설명한다는 사실을 알리는 것이다. 예를 들어, 일본의 역사 왜곡이나 야스쿠니 신사 참배, 독도 영유권 주장 등은 국사나 사회탐구를 지도하는 강사들이 학생들에게 알려주어야 하는 내용이다. 교과서 이외의 내용이라도 사회적인 관심을 받고 있으므로 시험 문항이나 지문에 나올 수도 있기 때문에 과목 사이에 연계성을 강조하여 강의를 홍보할 수 있다.

홍보는 전단지나 홈페이지를 통해서만 하는 것이 아니다. 수업 중이나 학생들과 학부모와 상담할 때, 강사의 SNS 등 일상에서도 꾸준히 홍보할 필요가 있다.

광고에는 '공명전략'도 있다. 공명은 울림을 말한다. 공명은 물리학에서 사용하는 용어로 파동 소리나 빛, 전자기파 등의 파동이 부딪혀서 되돌아오는 현상이다. 광고에서 사용하는 공명전략 resonance strategy은 상품과 관련 있는 메시지나 브랜드 이미지 제고에 초점을 맞추기보다 소비자가 모방할 수 있는 상황을 제시하여 직접 체험하도록 하는 전략이다. 수업 중에 재미있는 단어나 문장, 과정, 풀이 등을 사용해서 학생들이 직접 활용할 수 있게 전파하거나 교재에 학생들이 공감하고 실천할 수 있는 내용을 넣어서 공명을 일으키게 할 수 있다.

정서전략affective strategy도 있다. 정서, 즉 사람들이 느끼는 감정에 기대는 전략이다. 사람들의 감정은 긍정적 정서, 부정적 정서 등 다양하다. 사랑, 향수, 동정심, 우정, 흥분, 기쁨, 공포, 후회, 혐오 등은 불규칙한 경향을 나타내기도 한다.

정서전략에서는 복잡한 인간의 감정을 두루 포괄하여 홍보하는 메시지를 만든다. 정서전략은 통계나 조사를 통해서 나온 결과보다는 직감과 언어감각을 최대한 활용하는 경우가 많다. 예를 들어, 강사의 이름에서부터 정서를 느끼게 만들 수 있다. 아주 강한 이미지가 연상되는 이름으로 학생과 학부모들에게 강사를 각인시킬 수도 있고 반대로 부드러운 이미지의 이름으로 학생들에게 다가갈 수도 있다. 어디선가 많이 들어본 것 같은 이름은 학생들에게 친숙함을 느끼게 한다. 홍보에서 강사의 이름과 교재를 빼놓을 수 없다. 교재는 강사를 간접적으로 홍보하는 수단이다. 중간고사 완성, 기말고사 만점 전략, 요점 정리, 최종분석 등과 같은 무미건

조한 이름으로 교재를 남발한다면 강사의 이미지에 도움이 되지
않는다. 강사의 가명, 수강기호, 교재 이름만 잘 지어도 수월하게
홍보할 수 있다.

카피라이팅 실무와 이론을 정립한 존 케이플스(John Caples)는 헤드
라인 쓰는 법칙 29가지를 제시하였다. 헤드라인은 광고에서 신상품
을 보여주고 그 상품의 새로운 용도나 개선점을 제시하는 데 사용된
다. 헤드라인을 쓰는 방법은 정보를 제공하는 뉴스형(법칙 1~7)과
가격에 관심이 많은 소비자에게 어필하는 가격소구형(법칙 8~9), 소
비자에게 핵심을 알리는 핵심형(법칙 10~20) 헤드라인 있다.
  여기서 예로 든 헤드라인은 강사의 광고, 강사가 사용하는 교재, 강
사의 강의 설명, 강사의 교재 및 부교재 설명에 맞춘 것이다.

|법칙 1| '알림' 이라는 의미의 단어로 헤드라인을 시작하라.
     "수능에 새롭게 등장한 한국사에 적합한 OOO 강사 ."

|법칙 2| '알림' 과 유사한 의미의 단어로 헤드라인을 시작하라.
     "암기식 교육이 지고 있으면 또는 자기주도 학습이 있다.
     자기주도학습의 대가 OOO 선생님"

|법칙 3| '새로운' 이라는 단어로 헤드라인을 시작하라.
     "새로운 수학의 세상 OOO 선생님"

|법칙 4| '이제', '지금', '막' 이라는 단어로 헤드라인을 시작하라.
     "이제 OOO 선생님이 대학입시까지 준비합니다."

|법칙 5| '마침내' '드디어' 라는 단어로 헤드라인을 시작하라.
     "마침내 OOO 산생님이 지역 명문대의 길이 열립니다."

|법칙 6| 헤드라인에 시간개념을 넣어 보라.
     "하루 60분이면 10년 후엔 명문대로 이어집니다."

|법칙 7| 뉴스식으로 헤드라인을 써 보라
     "대한민국 영어 학습지는 봉이었다." (랭귀지 뱅크)

| 법칙 8 | 헤드라인에서 가격을 언급해 보라.
"하루 500원으로 원어민 선생님과 과외 할 수 있습니다."

| 법칙 9 | 가격할인을 이야기해 보라.
"방학 특강 시작, 할인시작."

| 법칙 10 | (상품 시험구매에 한정해서) 특별가를 제시해 보라.
"3년 연속 1등 OOO 선생님의 명성에 보답하는 수강료"

| 법칙 11 | (후불제, 분납제 등) 지불방법의 편리함을 제시해 보라.
"수강료 한번 납부로 붙을 때까지."

| 법칙 12 | 무료로 준다는 내용을 제시해 보라.
"열심히 공부하는 마음만 가져오십시오. 성적향상은 무료!!"

| 법칙 13 | 가치 있는 정보를 제공해 보라.
" OOO 선생님! 내신 만점자 100명 탄생"

| 법칙 14 | 이야기 거리를 제시해 보라
"OOO 선생님의 생각!
수강료는 낮을수록 좋다. 합격률은 높을수록 좋다."

| 법칙 15 | 헤드라인에 '방법' 이라는 단어를 써 보라.
"놀면서 저절로 공부가 되는 방법!" (MC 스퀘어)

| 법칙 16 | 헤드라인에 '어떻게' 라는 단어를 써 보라.
"옆집 애는 어떻게 명문대를 갔을까?"

| 법칙 17 | 헤드라인에 '왜' '어째서' '이유' 라는 단어를 써보라.
"왜 미국의 어린이들은 어려서부터 펀드를 할까요?" (한국
투자증권)

| 법칙 18 | 헤드라인에 '어떤' '어느' 라는 단어를 써보라.
"어떤 학부모가 되시렵니까?"

| 법칙 19 | 헤드라인에 '~하지 않는' '~이 아니라면' 이라는 단어를
써보라.

"우등생은 태어나지 않는다. 노력에 의해 키워지는 것이다."

| 법칙 20 | 헤드라인에 '찾음' '뽑음' 이라는 단어를 써보라.
"천재가 아닌 노력하는 학생만 뽑습니다."

| 법칙 21 | 헤드라인에 '이' '이것' 이라는 단어를 써보라.
"이보다 앞서갈 수는 없습니다. 이보다 새로울 수는 없습
니다." (현대 그랜저XG)
"이보다 더 아름다운 강의는 없다! OOO 선생님"

| 법칙 22 | 헤드라인에 '권고' 라는 단어를 써보라.
"부자 되세요." (BC카드)
"우등생 되란 말이요."

| 법칙 23 | 증언형식의 헤드라인을 써보라.
"특목고를 가는 일등석 좌석을 샀다."

| 법칙 24 | 소비자 스스로 해보도록 하라.
"입시제도가 변했습니다. 지금 바로 검색해 보세요."

| 법칙 25 | 한 단어로 헤드라인을 써보라.
"말려 죽여"

| 법칙 26 | 두 단어로 헤드라인을 써보라.
"내신 고민 끝!"
"상위 0.01%만!"

| 법칙 27 | 소비자가 심사숙고하도록 경고해보라.
"불량식품 아이들에게 주지마세요. 아무 학습지나 하지마
세요. "

| 법칙 28 | 광고주가 직접 소비자에게 말하듯이 써 보라.
"이 기준을 넘지 못하면 상위권이 아닙니다."

| 법칙 29 | 특정인이나 특정집단에게만 말하듯이 써 보라.
"고3들이여, 잠에서 깨어나라."

학생들이 거지 같은 강사를 좋아할까?

| 거지 같은 강사를 좋아하는 학생은 없다

거울을 보면서 나 자신에게 묻는다.

'거지같은 나를 학생들은 좋아할까?'

강사가 얼마나 잘 가르치는지, 얼마나 많이 배웠는지도 중요하다. 하지만 강사의 능력만큼 중요한 것이 강사의 외적인 모습이다. '거지'라는 말에는 여러 가지가 뜻이 담겨 있다. 내적으로 실력을 갖추지 못한 모습과 외적으로 준비가 덜 된 모습을 말한다.

대학원에서 공부하면서 학원에서 강의를 하던 때의 일이다. 하루는 대학원 연구실에서 진행하던 일이 늦어져서 면바지에 티셔츠, 운동화 차림으로 학원에 출근하게 되었다.

다행히 강의 시간에 늦지는 않았다. 수업 준비를 하려고 교무실로 들어가서 자리에 앉았는데, 나를 지켜보던 부원장이 웃으며 한

마디 했다. 옷을 갈아입고 오라는 것이었다. 학원은 일산 신도시에 있었고 당시에 살던 집은 서울 마포였다. 왕복하려면 3시간 정도 거리였는데 부원장이 대신 수업을 할 테니 집에 다녀오라는 것이었다. 수업에 조금 늦더라도 옷을 갈아입고 오는 거였는데 그러지 않은 게 후회스러웠다. 투덜투덜거리며 일산에서 마포까지 가서 옷을 입고 다시 학원에 왔다. 시간이 늦어서 그날은 겨우 한 시간만 수업을 하고 퇴근하게 되었다.

당시 부원장은 나에게 이런 얘기를 했다.

"강사는 준비가 되어있어야 합니다. 가장 먼저 보이는 외모에서부터 준비된 모습을 보여줘야 신뢰를 쌓을 수 있습니다."

당시에는 복장을 중요하게 생각하지 않았기 때문에 부원장이 해주었던 말을 아직도 생생하게 기억한다. 이런 일을 겪은 후로 나는 강의를 하거나 상담할 때 반드시 정장을 입는다. 정장을 입을 상황이 안 될 경우를 대비해서 차에 정장 한 벌을 싣고 다닌다. 학부모와 상담할 때 복장을 갖추지 못했다면 잠시 기다리게 하고 정장으로 갈아입는다.

이런 원칙을 지키고 있지만 몇 년 전에 딱 한번 평상복을 입고 강의한 적이 있었다. 갑작스럽게 인터넷 강의 촬영 일정이 생겨서 다른 강의 시간을 조정할 만한 여유가 없었다. 강의 시간에 맞춰서 급하게 이동하다 보니 어쩔 수 없이 평상복을 입고 강의하게 되었다. 늘 정장을 입고 강의하는 모습만 보았던 학생들도 약간 놀라는 분위기였다. 복장을 제대로 갖추지 못한 사정을 학생들에게 얘기하고 양해를 구하고 강의를 진행했다.

학생들 앞에서 강의할 때 반드시 정장을 차려 입을 필요는 없다. 하지만 학생들에게 강의할 때 성의있게 준비하고 있다는 것을 복장으로 보여줘야 한다.

집을 어질러 놓고 손님을 초대하지는 않는다. 청소도 하고 맛있는 음식도 준비하고 시간이 안 되면 간단히 먹을 과일과 음료수라도 준비한다. 손님이 대접을 받고 있다는 것을 알 수 있도록 준비하는 것이다.

백화점에서 점원이 허리를 90도 굽혀서 인사하는 이유도 마찬가지다. 비싼 상품을 구입하는 고객에게 최대한 예의를 갖추는 것이다. 반면 불친절한 가게에서는 물건을 사고 싶은 마음이 들지 않고 사더라도 제값을 주고 싶지 않은 이유는 대접을 받지 못한다는 분위기가 그렇게 만들기 때문이다. 학생과 학부모도 마찬가지다.

| 강사에게도 드레스 코드가 필요하다

드레스 코드Dress code란 사전적 의미로는 복장 규정服裝規程으로 사회의 다양한 장소와 기회, 행사나 오락, 파티 등에서 당연히 입어야 할 복장을 말한다. 그런데 사회적으로 강사에게 어떠한 옷을 입어야 한다고 규정한 것은 아니다. 하지만 겉으로 보이는 강사의 모습 가운데 신경써야 하는 것은 복장이다. 말끔한 정장을 입는 것만 복장에 신경쓰는 것은 아니다. 단순히 정장을 입는 원칙을 지키는 게 아니라 드레스 코드Dress Code를 생각해야 한다. 드레스 코드라는 표현이 너무 거창하다고 생각할 수도 있다.

'학원 강사가 드레스 코드까지 생각해야 돼?'

의아하게 생각될 것이다. 하지만 오랫동안 만나는 학생들에게 기억되고 싶은 모습이 있을 것이다. 강사마다 기억되고 싶은 모습은 다르다. 하루는 정장을 입고 하루는 청바지 차림의 캐주얼한 복장을 입고 하루는 면바지에 셔츠를 입는다면 강사의 복장은 수강생들의 기억 속에 남지 않는다.

강사의 드레스 코드는 가장 편하게 강의할 수 있는 옷의 종류를 고르고 옷의 형태나 컬러에 변화를 주어야 한다.

드레스 코드가 있는 회사와 드레스 코드가 없는 회사, 두 회사에서 업무 능률을 조사하는 실험을 했다. 드레스 코드가 없는 회사는 비서나 직원들이 책상에 앉아서 근무하는 시간이 드레스 코드가 있는 회사보다 4% 정도 적었다. 컴퓨터로 작업하는 시간은 5% 정도 적었으며 결근이나 지각하는 확률은 3~5% 정도 높았다. 이런 결과가 나온 후에 드레스 코드가 없는 회사에서 복장에 대한 규칙을 정해 놓고 1년 동안 규칙을 지키게 한 후에 직원들이 책상에 앉아서 근무하는 시간이 1% 정도 증가했고, 컴퓨터로 작업하는 시간은 2% 정도 늘어났으며 지각이나 결근은 15% 정도 감소했다.

드레스 코드와 관련된 또 다른 실험도 있다. 기업의 간부 200명을 대상으로 복장에 대해서 조사했다. 조사 대상의 절반에 해당하는 100명은 한 번도 반팔 셔츠를 입어 본 적 없는 사람들이었고

100명은 반소매 셔츠를 입는 사람들이었다. 이 연구 결과가 참 재미있다.

긴소매 셔츠만 입는 간부와 반소매 셔츠를 입는 간부의 비서를 연구, 조사했다. 연구는 간부들의 복장이 비서들의 업무 태도와 어떤 관계가 있는지 보는 것이었다. 반소매 셔츠를 입는 간부와 함께 일하는 비서들이 긴소매 셔츠를 입는 간부와 함께 일하는 비서들보다 지각하는 확률이 12%나 높았다. 그리고 점심식사 후 사무실에 늦게 돌아올 확률은 무려 132%나 높았다.

특수한 경우도 있다. 인터넷 강의를 촬영할 때는 복장에 대한 제약이 많다. 흰색 옷을 입으면 화면에서 너무 눈이 부셔서 학생들이 시각적인 피로를 느낀다. 원색의 복장도 눈의 피로를 높인다.

그리고 정장을 입으면 조명의 높은 온도와 환기가 잘 되지 않는 스튜디오에서 촬영할 때 땀이 많이 나서 부담스럽다.

촬영 시에 스트라이프 무늬의 의상은 화면에 잔상이 남아서 집중력을 떨어뜨린다. 사진처럼 원색과 스트라이프 의상은 인터넷 강의 촬영, 즉 화면으로 볼 때 매우 좋지 않은 조합이다. 그러므로 인터넷 강의나 프로필 사진을 촬영할 때는 이런 요인들을 피해서 복장을 갖추어야 한다.

인터넷 강의나 프로필 사진을 촬영할 때는 파스텔 톤의 옷이 바람직하다. 눈의 피로도를 줄일 수 있고 잔상을 남지 않게 하며 학생들의 집중도도 높일 수 있기 때문이다.

강한 강사의 자격

제5장

강한 강사의 자격

강사의 가슴 속에 천사와 악마가 있다

짜거나, 맵거나, 쓰거나, 달거나!

강한 강사가 필요한 이유

나의 롤 모델을 정하라

강의할 때 습관은 무엇인가?

소리만 지른다고 학생들이 집중할까?

강사의 가슴 속에
천사와 악마가 있다

| 학생과 학부모에게는 천사가 되어야 한다

강사의 가슴 속에는 천사와 악마가 공존한다. 악마는 강사 자신을 철저하고 냉철하게 판단할 수 있게 도와주고 강의를 듣는 학생에게는 친절한 천사의 마음이 전달되어야 한다. 하지만 대부분의 강사는 자신을 천사의 눈으로 판단하고 수강생에게는 악마의 본성으로 다가간다.

나와 친분이 있는 학원장에 대해서 이야기하려고 한다. 그 원장은 태생적으로 학원 원장의 기질을 가지고 있다. 학생들을 좋아하고 학생들과 얘기하는 것을 즐긴다. 한 사람의 학원장으로서 완벽해 보인다. 학원장의 강의를 직접 들어보지는 않았지만 강의도 상당히 재미있다고 한다. 유명한 교재를 직접 집필한 경험도 있다. 그리고 학원장에게 한 가지 더 매력적인 것이 있다. 손수 밥을 하고 음식도 직접 만들어서 학생들과 함께 식사한다는 것이다. 이 학원장에게는 철칙이 있다. 식사 때는 절대로 공부나 성적에 대한 얘기를 하지 않는다는 게 철칙이다. 식사할 때는 즐거운 이야기만 한다. 스트레스를 받으며 식사하면 체한다는 것이 학원장의 지론이다.

정말 멋있는 학원장이다. 학생들이 어떻게 학원을 옮기겠는가? 학원장은 학생들이 학원을 바꾸는 걸 걱정하는 게 아니라 학원에 들어오려고 대기하는 학생이 걱정이라고 한다. 물론 이 학원장도 매일 밥을 해서 학생들과 같이 식사하는 건 아니다. 강사가 학원에서 밥을 지어서 학생들에게 먹이며 강의할 수는 없다. 학생들에게 직접 밥을 지어서 함께 먹는 원장처럼 학업과 강의에 대한 투자와 학생에 대한 진정성을 보여준다면 학생들은 강사의 진심을 이해하게 될 것이다.

제주도에서 교육사업 관련 세미나에 참석했을 때 성인 교육사업 분야에서 유명한 회사의 사장님과 같은 방을 썼다. 세미나가 진행되는 기간 동안 여러 가지 이야기를 나눴다. 그 사장님은 교육사업을 하고 있지만 많은 사람들은 교육사업이 기계적으로 지식을 전달하고 돈만 벌어들이는 기업으로 생각한다고 했다. 사람들의 이런 생각이 너무 싫다는 것이었다. 어떻게든 부와 교육의 환원하기 위해 한 가지씩 준비하고 있었다.

사장님은 한 달에 한두 번 일요일에 지역단체에서 봉사를 한다고 했다. 처음에는 혼자만 했는데 나중에는 직원들도 동참을 했다.

일손이 부족할 때 직원 한두 명에게 도움을 요청한 것이 이제는 전 직원이 함께 하는 봉사활동으로 확대되어 사내 문화가 된 것이다.

처음에는 봉사활동을 꺼리는 일부 직원들이 있었지만 이제는 직원들이 자발적으로 봉사활동을 한다는 이야기를 했다. 교육회사 직원들의 봉사활동은 전혀 예상하지 못한 긍정적인 결과를 가져왔다. 직원들의 애사심이 커졌고 봉사활동을 통해서 사회에 보탬이 된다는 자존감과 자신감이 생겨서 업무에 대한 집중도도 높아졌다고 했다. 그 이후에도 이 사장님과 가끔 연락을 하는데 우리나라의 소년소녀 가장이나 교도소 재소자들에게 재능기부를 하고 있으며 서적과 강의 등을 제공한다고 했다.

강사는 강단에서 학생들을 가르친다. 강사 한 사람이 여러 사람을 대하기 때문에 파급력이 엄청나게 크다. 그래서 강사는 기본적으로 선한 마음을 가져야 한다. 악하고 나쁜 생각을 가지고 있으면 어떤 방법으로든 학생들에게 악하고 나쁜 생각이 전달되기 때문이다.

강사가 선한 마음으로 학생을 가르치면 학생이 행복해진다. 학생이 행복하면 가정이 행복해지고 사회가 행복해진다. 아메바가 개체수를 늘리듯 행복한 사람들이 많아지면서 사회 전체가 행복해진다.

강사는 돈을 벌어야 한다. 돈을 많이 벌어야 성공했다는 말을 듣는다. 생각해보면 강사의 성공은 혼자서 이룬 게 아니라 학생들의 성원에 대한 결과물이다. 성원에 대한 고마움을 학생들에게 돌려준다면 더 큰 성공으로 이어질 것이다. 강사의 진정성이 학생과 학부모에게 전달되어 걱정과 고민을 해소해 준다면 행복한 가정, 행복한 사회를 만드는 데 일조하는 것이다.

다음의 도표를 통해서 현재 강사로 일하는 자신을 점검해 보는 것도 도움이 될 것이다.

도표는 공부를 잘하는 학생과 공부를 못하는 학생에 대한 차별을 연구한 내용이다. 강사가 학생들에게 하는 말 혹은 상호작용, 칭찬과 피드백을 연구했다.

강사가 범할 수 있는 편견과 모순적 과정을 각각의 측면에 따라 스스로 점검해 볼 수 있게 구성되어 있다.

측면		대상	행위	대상	행위
구두 상호 작용	질문을	공부 잘하는 학생	더 한다.	공부 못하는 학생	덜 한다.
	대답할 시간을		더 준다.		덜 준다.
	강사에게 질문을 하면		강사가 직접 자세히 대답해 준다.		다른 학생을 시켜 대답하게 하거나 강사가 간단히 대답해 준다.
	강사가 질문할 때는		어려운 문제를 질문하며 생각할 단서를 준다.		아주 쉬운 문제만을 질문하여 생각할 단서를 주지 않는다.
	학생의 생각을		더 수용하고 더 인용한다.		덜 수용하고 덜 인용한다.
사회적 상호 작용	주목(눈빛을)		더 한(준)다.		덜 한(준)다.
	기대나 요구를		더 한다.		덜 한다.

182

			공부 잘하는 학생		공부 못하는 학생	
사회적 상호 작용	접촉을		공개적으로 한다.		사적으로 은밀하게 한다.	
	좌석을		강사로부터 가까이 앉힌다.		강사로부터 멀리 앉힌다.	
	친한 정도는		아주 친하다.		덜 친하다.	
	비구두 상호작용을		자주 한다		덜 한다.	
칭찬과 피드백	실패한 경우		덜 비난한다.		더 비난한다.	
	성공한 경우		더 칭찬한다.		덜 칭찬한다.	
	학생이 발표를 하면		피드백을 많이 해준다.		피드백을 별로 하지 않는다.	
교수 전략	교수방법은		효율적인 방법을 자주 사용한다.		효율적인 방법을 덜 사용한다.	
	과제는		다양한 활동을 요구하는 과제를 준다.		책상에 앉아서 하는 수준 낮은 과제를 준다	
	수업활동 전체에서		중심 대상이다.		무관심의 대상이다.	
	숙제를 내줄 때		많이 내준다.		조금 내준다.	
	강사가 학습과정에 개입을 하더라도		학습자의 자율을 존중한다.		수시로 끼어들어 오히려 방해한다.	

❙ 공부 잘하는 학생과 공부 못하는 학생의 차별
출처:교수방법의 심리적 기초. 신명희(2002)

금연. 참으로 어려운 일이다. 나도 담배를 벗으로 여기며 10여 년을 살았었다. 어느 날 기침이 나고 목감기가 낫지 않아서 몸이 더 힘들어진다는 것을 느끼게 되었다. 그런데 결정적으로 담배를 끊어야겠다고 결심한 사건은 이렇다.

멈추지 않는 기침 때문에 콜록거리면서도 담배를 피우고 교무실에 들어왔는데 한 여학생이 질문이 있다고 하면서 나를 불렀다.

"왜 물어볼 거 있어?"

"네."

나에게 다가오던 학생이 갑자기 코와 입을 막고 멈추어 섰다.

"샘. 담배냄새가 너무 나서 싫어요. 머리 아파요!"

투정부리듯 말했다. 계속 콜록콜록 기침하는 나를 보고 한마디 더 거들었다.

"기침을 그렇게 하시면서 담배를 피우세요?"

나는 아무 대답도 하지 못했다.

'내 몸도 상하고 학생들도 싫다고 하는데 내가 왜 담배를 피워야 하지?'

담배를 끊어야겠다는 생각만 하다가 정말 담배를 끊겠다고 결심하고 금연패치를 붙이고 금연사탕도 먹고 운동도 하고 담배 생각이 날 때는 하고 있는 일에 집중했다. 특히 술자리는 철저하게 피했다. 그렇게 해서 나는 담배를 끊었다. 앞으로도 담배는 절대로 피지 않을 것이다. 왜냐하면 내 건강을 위해서도 그렇고 그 여학생이 손으로 코와 입을 가리던 모습을 잊을 수 없기 때문이다.

나는 담배를 피우고 나서 담배냄새를 없애기 위해서 양치질과 가글을 하고 향수도 뿌렸다. 얼마나 바보 같은 짓인가? 담배를 피우지 않으면 되는데.

경상도의 한 학원에 강의를 요청받아 내려갔을 때 일이다. 지역 학원의 원장님이 이런 일이 다시는 없어야 한다면서 나를 붙잡고 하소연했다. 얼마 전에 내려 온 선생님이 큰 실수를 했다는 것이었다.

강의 시간에 맞춰서 도착해야 할 선생님이 오지 않아서 확인해보니 비행기를 타고 내려오는 중이라고 해서 학생들에게 과제를 내주고 간식도 주면서 선생님을 기다렸다고 한다. 그런데 강의시간에 늦게 온 선생님의 몰골을 보는 순간 깜짝 놀랐다고 했다. 어제 늦게까지 술을 마셨다는 것을 누가 봐도 알 수 있을 정도였다고 했다. 머리는 부스스하고 넥타이도 단정하게 맨 상태가 아니고 양복과 와이셔츠 복장이었지만 전혀 단정하지 않았다.

복장에서부터 강사의 품위는 떨어졌고 말을 할 때 마다 술 냄새가 났고 강의가 끝날 무렵에는 강의실이 온통 술 냄새로 진동을 할 정도였다고 했다. 결정적으로 수업을 하다가 과음 때문에 속이 좋지 않아서 쉬는 시간에 구토까지 했고 그 모습을 화장실에 있던 학생들도 지켜보았다고 했다.

강사는 자기 자신에게 악마처럼 냉혹해야 한다. 강사의 품위는

스스로 지켜야 한다. 사교육은 교육업이 아니라 철저한 서비스업
이다. 비행기를 탔는데 술 냄새가 나는 승무원이 음식과 음료를
제공한다고 생각해보라. 최고급 호텔에서 서비스하는 직원들에게
담배냄새가 나고 머리 모양은 엉망이고 넥타이는 삐뚤어져 있다면
훌륭한 서비스를 기대할 수는 없을 것이다.

짜거나, 맵거나, 쓰거나, 달거나!

| 학생들에게 강한 인상을 남기는 강의

과거에는 외식을 한다고 하면 돈까스, 스테이크 등의 경양식 혹은 자장면이나 탕수육처럼 우리 입맛에 맞춘 중국음식을 먹었다. 요즘은 다양한 음식을 맛볼 수 있다. 우리나라 각 지방 고향의 맛을 느끼게 하는 음식, 절에서 먹던 사찰음식도 이색 먹거리가 되었다. 간단히 먹는 김밥, 라면, 햄버거나 피자와 같은 패스트푸드와 인도의 커리, 일본의 스시, 베트남의 쌀국수, 터키의 케밥, 멕시코의 토르티아, 이태리의 고르곤졸라 치즈, 까르보나라, 스파게티 등 세계 각국의 다양한 음식들도 맛볼 수 있게 되었다.

세계인이 먹는 음식들이 우리 식탁에 자리를 잡았다. 음식의 종류가 다양해진 만큼 우리나라 음식도 경쟁력을 확보해야 음식과 음식점이 살아남을 수 있다.

강의도 마찬가지다. 과거에 강의하던 방식 그대로 무미건조하게 학습목표에 맞는 내용만 강의하는 것으로는 학생들에게 다가갈 수 없다. 학생들에게 강한 인상을 남기고 학생의 머리에 많은 지식을 남겨야 한다.

그렇다면 어떤 강의를 하는 강사가 좋은 강사일까?

이 질문에 대한 대답은 오래전부터 많은 교육학자가 고민하고 연구해 오고 있다. 라이드 앤 존슨Reid & Johnson은 잘 가르치는 교사를 다음과 같이 설명했다.

교사가 본 훌륭한 교사	학생이 본 훌륭한 교사
교과목에 대한 흥미	설명의 명확성
학문의 깊이	교과목에 대한 흥미
설명의 명확성	학문의 깊이
내용의 조직력	내용의 조직력
학습자의 상호작용	접근의 용이성
접근의 용이성	학습자와의 상호작용

교사가 본 훌륭한 교사와 학생이 본 훌륭한 교사는 차이가 있다. 즉, 훌륭한 교사를 보는 관점이 다르다는 것을 알려주는 연구다. 교사가 생각하는 훌륭한 모습과 학생이 본 훌륭한 모습은 조금 다

르다. 하지만 중요한 것은 어느 한 가지가 특별하게 뛰어나다면 훌륭한 강사로 자리 잡을 수 있다는 점이다.

|예술성 VS 대중성

영화에서 예술성과 대중성을 고루 갖추는 것은 정말 어려운 일이다. 대표적인 영화가 김기덕 감독의 '피에타'다. 제작진 25명, 제작일수 12일, 제작비 1억 원을 들여서 만든 김기덕 감독의 작품 '피에타'는 베니스 영화제 황금사자상, 청룡영화제 최우수 작품상을 수상했지만 영화를 본 관객수는 60만 명에 그쳐 예술성에 비해 대중성을 갖추지 못했다는 평가를 받았다.

최동훈 감독의 '도둑들'은 김윤석, 김혜수, 이정재, 전지현, 오달수, 김수현, 김혜숙 등 스타급 영화배우를 전면에 내세워서 누가 주인공인지 판단이 안 될 정도의 초호화 캐스팅에 제작비만 145억 원이 들었다. 예술성보다는 대중성을 갖춰서 1300만 명의 관객이 '도둑들'을 보았다.

강의에도 예술성이 있을지는 모르겠지만 영화처럼 예술성과 대중성을 모두 갖출 수는 없다. 사람이 많은 강연, 학생이 많은 강의에 적합한 강사가 있다. 반대로 많지도 적지도 않은 적당한 인원의 강의에서 능력을 발휘하는 강사도 있다. 개인과외처럼 학생과 일대 일 밀착형 강의에 뛰어난 실력을 보이는 강사도 있다.

어느 강사가 뛰어나다고 얘기할 수는 없다. 여러 강사가 같은 공간에서 똑같은 내용으로 강의를 하더라도 전달력은 강사마다 다르다. 모든 강사를 한 가지 기준으로 평가할 수는 없다. 유머러스한 강의 스타일과 카리스마 넘치는 강의 스타일도 한 사람의 강사에게 공존할 수는 없다. 강의 내용을 강의 스타일에 잘 맞추고 강사의 역량을 특징으로 내세워야 실력있는 강사로 평가받을 수 있다.

평 가 내 용	매우 그렇다	그렇다	보통 이다	아니다	매우 아니다
					총점(/100)
1. 강의계획서는 중위권 위주의 강의인가?	10	8	6	4	2
2. 집에서 출근하기 전에 강의 준비 외에 다른 준비를 하는가? (헤어스타일, 옷, 넥타이, 액세서리 등)	10	8	6	4	2
3. 교육내용을 파악한 후에 충분한 학습 자료와 교재를 개발 및 확보하는가?	10	8	6	4	2
4. 일대 일 과외나 그룹 과외처럼 인원이 적은 상태에 강의할 때 어색하거나 답답한가?	10	8	6	4	2
5. 강사 스스로 내용에 대한 충분한 지식과 전문성을 갖추었다고 느끼는가?	10	8	6	4	2
6. 100명 이상의 학생이나 학부모 등의 강의, 설명회도 부담이 없는가? 강의 및 설명회를 준비하는 과정이 즐거운가?	10	8	6	4	2
7. 수업 중 발생할 수 있는 여러 가지 상황들을 사전에 예측하고 준비하는가?	10	8	6	4	2
8. 수업할 때 목소리의 톤을 크거나 작게 조절하거나 길거나 짧게 조절할 수 있는가?	10	8	6	4	2
9. 강의 준비를 할 때 미리 강의 순서에 따라 내가 움직이는 동선(動線)을 머리에 그리는가?	10	8	6	4	2
10. 강의를 할 때 유머가 있는 스타일인가?	10	8	6	4	2

강의 스타일은 강사가 만들어야 한다. 절대적인 강의 스타일은 있을 수 없다. 참고로 평가항목의 총점 100점 만점에 70점 이상이라면 여러 학생들 앞에서 강의하는 스타일이다. 점수가 높을수록 많은 학생들 앞에서 더 효과적으로 강의할 수 있는 능력이 있다고 볼 수 있다.

강사들은 교실에서 진행하는 강의 외에도 설명회나 학부모 간담회, 학생들을 대상으로 한 강연^{입시설명회 등}을 할 수 있어야 한다.

총점 100점 만점에 50점~70점 정도의 점수가 나왔다면 10~20명 정도의 학생 앞에서 효과적으로 강의할 수 있는 능력을 가졌다고 볼 수 있다. 많은 학생들 앞에서 강의하는 스타일이 좋다고 말할 수는 없지만 20명 내외의 학생들 앞에서 강의한다면 확실한 강의 스타일을 만들어야 한다. 대형 강의 스타일로 바꾸거나 반대로 소수정예 강의 스타일로 바꾸려면 자신의 강의 스타일을 세부적으로 점검하고 부족한 부분을 보충해야 한다.

만약 총점 100점 만점에 40점 이하의 점수가 나온 강사라면 소수정예 학생들을 가르치는 밀착형 강의가 적합하다. 더 많은 학생들 앞에서 강의하기 위해서 억지로 강의 능력을 키우기보다 학생들 옆에서 밀착형으로 지도하는 강의 스타일을 만드는 것이 훨씬 효과적이다.

많은 학생들 앞에서 강의하든 소수정예 학생들 앞에서 강의하든 어려운 점은 있다. 많은 학생들 앞에서 강의하던 강사가 10여 명 내외의 학생들 앞에서 강의를 잘 한다는 보장은 없다. 또 소수정예 학생만 가르치던 강사가 수백 명의 학생들 앞에서 강연을 못한 다는 법도 없다. 하지만 영화가 대중성과 예술성을 모두 만족시키 기 어려운 것처럼 강사도 대형 강의에 맞는 강사, 20명 내외의 학 생들 앞에서 더 잘 가르치는 강사, 소수정예 학생들을 꼼꼼하게 지도하는 강사가 분명히 따로 있다. 강사는 자신에게 맞는 강의 스타일을 선택해서 특징을 살리는 것이 현명하다.

| 강사에게 적합한 강의 형태를 찾아라

강의를 하는 방식은 여러 가지다. 앞에서 학생들 수와 강사의 강 의 스타일만 생각했다면 이제는 구체적인 강의 형태와 방식을 고 민해야 한다.

강사는 자신의 능력을 정확하게 판단해서 강의하는 환경에 맞춰 서 효과적으로 수업을 진행해야 한다. 한 가지 강의 형태를 고집 하기보다는 인원과 학생들의 수준에 맞춰서 강의를 준비하고 계획 을 세워서 지도해야 한다.

가장 대표적인 강의 형태는 강사가 설명하고 학생들은 보고 듣는 강의식 수업이다. 가장 오랜 역사를 가진 강의 형태이고 지금도 가장 보편적으로 많이 활용된다. 강사가 일방적으로 지식을 전달 하고 학생은 강의의 내용을 보고 듣고 노트에 필기하며 수동적으 로 강의가 진행된다. 가장 전통적인 방식이다 보니 토론의 중요성 이 부각되는 요즘은 비판을 받기도 하지만 현실적으로 강의식 수 업 형태가 널리 통용되고 있다.

장점	단점
• 짧은시간에 다양한 지식을 많은 학습자에게 동시에 가르칠 수 있다. • 강사의 언어 능력에 따라 학습자를 쉽게 동기화할 수 있고 학습자의 이해력을 높일 수 있다. • 학습량, 수업시간 등을 교사가 자유롭게 조절할 수 있다. • 교과서 내용을 교사의 능력 범위 내에서 보충, 첨가, 삭제하는 것이 편리하다. • 정보의 유포가 쉽다. • 특별한 자료가 없이도 수업이 가능하다. • 수업자의 의지대로 학습 환경을 바꿀 수 있다. • 기본적으로 기술적인 교수법을 활용하기에 적합하다. • 심리적으로 경직되어 있거나 융통성이 없는 학생, 근심걱정이 많은 맹종형, 순응형 학생들에 효과적이다.	• 학습자의 개성과 능력이 무시되기 쉽다. • 학습자의 활동 기회를 제약하여 수업태도가 수동적으로 되기 쉽고 동기지속이 어렵다. • 교사의 능력 여하와 충분한 수업준비, 계획 여하에 따라 수업의 효율성이 좌우된다. • 고등정신 기능을 기르는 데는 충분하지 않다.

| 강의식 수업의 장점과 단점
출처:**교육 심리학. 신명희 외 공제(2010)**

많은 학생을 대상으로 하는 강의에서 이제는 소수의 학생만 가르치는 강의로 사교육 형태가 바뀌고 있다. 학생 수에 맞게 수업 형태도 변화하고 있다. 최근에 사회적으로 이슈가 되는 것이 토의와 발표다. 사교육에서도 토의하는 형태의 강의가 주목받고 있다.

토의식 수업의 장점은 강사와 학생, 학생들 간의 상호 작용이 이루어진다는 점이다. 학생들이 자기 의견을 말하고 다른 학생들의 생각을 듣고 토의하면서 문제해결능력을 키울 수 있다. 하지만 토의식 수업의 가장 큰 단점은 시간 활용면에서 경제성이 없다는 것이다. 강사가 시간 관리를 제대로 못하면 수업시간은 길어질 수 있다. 학생들이 토의한 결과에 따라 잘못된 결론을 도출할 수도 있고 토론에 참여하지 못하는 학생은 이탈할 수도 있다.

장점	단점
• 학습자의 적극적인 참여를 유도한다. • 의사소통능력, 사고능력, 비판적 분석능력을 키운다. • 민주적인 태도와 가치관을 함양한다.	• 시간 활용면에서 비경제적이다. • 학습자의 이탈 가능성이 많다. • 확실하지 않거나 이해하지 못하는 개념과 사실에 대한 결론을 내기 어렵다.

| 토의식 수업의 장점과 단점
출처:교육 심리학. 신명희 외 공저(2010)

협동학습은 구성원을 4~6명 정도로 두고 서로 협동하여 과제 또는 결과물을 완성하는 형태다. 협동학습은 사교육에서 적용하기 어려운 형태가 될 수도 있다. 보통 공교육에서 시행하는 수행평가에서 가끔 협동학습 형태로 진행되는 수업도 있지만 강의의 형태에 따라서 사교육에서도 충분히 도입할 수 있다. 특히 저학년 학생들에게 필요한 학습 형태다.

장점	단점
• 조직 구성원 전체가 협력하여 지식을 습득한다. 혼자 학습할 때 보다 교과에 대한 지식이 증대된다. • 구성원들이 서로 협동하여 학습하는 것을 배운다.	• 많은 시간과 노력이 필요하다. • 학습자끼리 정답을 만들기 때문에 오답을 정답으로 학습할 우려가 있다. • 소수의 우수한 학습자의 주도로 나머지 학습자가 소외되고 심리적으로 위축되기 쉽다.

장점	단점
• 관계를 맺는 능력의 조장 및 사회관계 기술 습득이 가능하다. • 협력, 협동의 가치를 습득한다. • 토론과 논쟁을 통하여 높은 수준의 사고력이 발달한다. • 책임을 다하지 못하는 학생이 집단 속에 가려져 눈에 띄지 않는 링겔만 효과가 발생한다.	• 학습능력이 낮은 학습자가 적극적으로 학습에 참여하지 않아도 학습능력이 높은 학습자의 성과를 공유하면서 무임승차 효과가 나타나기도 한다. • 학습능력이 높은 학습자는 자신의 노력이 다른 학습자에게 돌아가기 때문에 학습에 적극적으로 참여하지 않는 현상, 즉 봉 효과가 나타나기도 한다.

| 협동학습의 장점과 단점
출처:교육 심리학. 신명희 외 공제(2010)

문제 중심 학습은 현실 세계에서 일어나는 복잡한 형태의 문제를 해결하는 과정이다. 이 과정을 통해서 필요한 지식을 학생 스스로 찾아내고 고민하는 학습 방법이다. 자연과학에 대한 문제나 사회적 이슈를 다루는 문제, 다차원적인 문제해결을 위한 노력이 필요한 문제 등을 제시하여 목표를 달성하고자 할 때 효과적으로 활용할 수 있다.

장점	단점
• 창의적인 문제해결력을 키운다. • 전문 지식 습득 및 지식의 유지(retention)와 적용할 수 있다. • 학습자의 흥미를 유발시키는데 효과적이다. • 자기 주도 학습력을 신장할 수 있다. • 협동심을 함양할 수 있다.	• 부적절한 문제를 설계할 우려가 있다. • 문제 수 또는 수강 인원수가 많을 경우 시간이 부족할 수도 있다. • 교사의 코칭 기술에 의해 좌우되기 쉽다. • 학습과정의 중요성에 대한 인식 부족으로 학습결과물에 치중할 수 있다.

| 문제 중심 학습의 장단점
출처:교육 심리학. 신명희 외 공제(2010)

강의의 형태는 이외에도 다양하게 나타난다. 공교육과 비교했을 때 사교육의 가장 큰 장점은 목표를 달성하기 위해 수업의 형태를 다양한 형태로 변형해서 실행할 수 있다는 것이다. 예를 들어, 현재 가장 현실적인 방법인 강의식 수업을 하면서 필요한 경우 토론식, 협동학습, 문제 중심 학습을 부가적으로 실행하는 것이다. 기본적으로 강의식 수업은 전통적인 형태를 유지하면서 필요에 따라 토론식, 협동학습, 문제 중심 학습 형태를 시행하여 학생들의 능력과 강사의 노하우를 축적할 수 있다.

강의 형태마다 나타나는 문제점을 개선하면서 난이도와 학년, 대상을 조정할 수 있다. 분명한 것은 강의 형태를 바꿀 때 점진적인 변화가 필요하다는 점이다. 갑작스러운 변화는 오히려 혼란을 가중시키므로 연간 교육계획을 세운 다음 세부적인 강의에서 변화를 모색해야 할 것이다.

강한 강사가 필요한 이유

| 강사는 어떻게 발전할까?

강사는 어떤 과정을 거치며 발전할까? 안타깝게도 사교육 분야에서 일하는 강사의 발전과정에 대한 연구는 아직까지는 없다. 하지만 교사의 연구 자료를 통해서 강사의 변화를 충분히 예측할 수있다.

강사의 발전 과정 중 1단계는 공상Fantasy의 시기다. 처음 강의를 시작하면 무엇인가 새로운 방식으로 학생들을 가르치고 싶고 교과와 관련된 여러 가지 이야기를 해주려고 마음 먹지만 실행에 옮기기는 어렵다. 순수하게 교육만 바라보고 희망에 부풀어 있는 시기다. 이 시기에는 강의의 성취도나 평가보다는 학생들 앞에서 강의하는 것을 즐기고 무엇보다 학생을 위하는 마음이 앞선다.

2단계는 생존Survival의 단계이다. 이 시기에 강사는 강의를 하는 목적을 월급이라고 생각한다. 강의에 익숙해져서 새로운 강의의 기술을 개발하거나 다양한 교수법을 연구하지 않는다. 강사는 학생들의 과제나 자기주도학습_{자습}과 평가_{시험}에 대부분의 강의 시간을 할애한다. 이유는 강의 능력을 제대로 갖추지 못한 상태이므로 여러 가지 수단을 동원해서 강의한다. 문제는 이때 학생들의 학습이나 학업 성취, 목표의 성취_{성적향상, 특목중, 특목고, 대학진학 등}에 대한 관심이 없다는 것이다. 직업란에 '강사'라고 쓰고 월급을 받는 것이 주된 목적이다. 일부 강사들이 이 시기에 성장 단계가 멈춘다.

3단계는 숙달_{Mastery}의 단계다. 이 단계에서는 학원 관계자 및 직원, 동료 강사, 학생, 학부모와 원만한 관계를 형성한다. 학생들을 다루는 능력도 향상돼서 효과적으로 지도할 수 있고 학생들의 학업의 성취도도 높아진다. 강사는 목표의식이 뚜렷해지고 학생들에게 성취욕을 느끼게 해주어 강사와 학생 모두에게 상승효과가 나타난다. 이 단계를 지나면 비로소 유능한 강사로 인정을 받는다. 동시에 연봉도 급격하게 상승하고 강한 강사의 자질이 형성되면서 성장할 수 있는 발판이 만들어진다.

4단계는 영향력_{Impact}의 단계다. 숙달의 단계에서 향상된 능력은 학생의 인생을 바꿔놓을 정도로 강력해진다. 강사는 학생들 앞에서 능숙하게 강의한다. 이 시기에는 강사 주변의 인간관계도 원만하다. 학생들의 수준에 따라 관리해서 학생 개인의 목표의식이 뚜렷해진다. 학업성취도를 향상시키기 위해서 강의연구와 교수법을 고민하고 효율적인 방법을 실행에 옮긴다. 이 단계에서는 학생의 인생과 진로를 결정하는 데 강사가 큰 영향을 준다. 실제로 강사의 영향력이 커지는 시점에 직·간접적으로 학생들의 역할모델이 되기도 한다.

맨 처음 강사로 발을 내딛을 때는 학생들이 인생을 설계하는 데 구체적인 로드맵을 제공하려고 애쓴다. 그러면서 강사도 스스로 성장했다는 느낌을 갖게 되고 진정한 강사, 즉 전문적인 교육자가 되었다는 자긍심과 성취감을 느낀다.

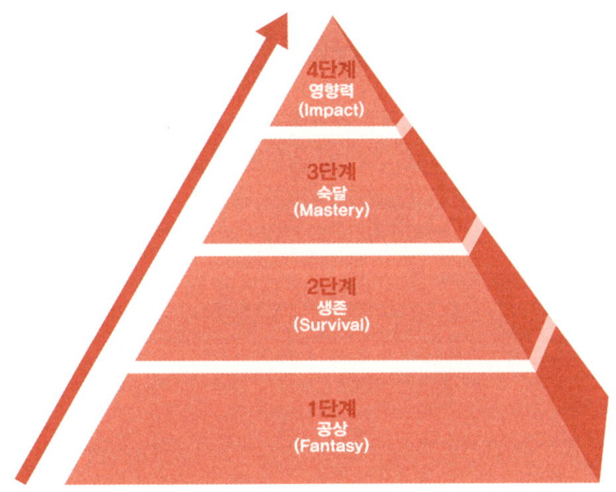

| 강한 강사가 필요한 이유

강한 강사에 대한 필요성은 여러 가지 연구 결과를 통해 명확해진다. 강한 강사는 능력이 떨어지는 강사보다 학생들을 가르치는 효율성 면에서 앞선다. 1년 동안의 커리큘럼을 기획하고 연구하고 제공한다. 학생의 능력을 향상시킬 수 있는 강사의 숙련도는 학생들의 성취도와 밀접한 관련이 있다. 학생들의 성취도 향상에서 중요한 것은 학생을 지도하는 능력이다. 이런 사실은 여러 가지 자료를 통해서 충분히 검증해 볼 수 있다.

강한 강사가 필요한 이유 I

- 능력 있는 강사는 상대적으로 능력이 부족한 강사와 달리 1년 내내 학생들이 배울 수 있는 학습내용을 제공한다.
- 교사, 강사의 숙련도가 학생의 학업성취도를 결정하는 요소들 가운데 40% 정도의 비중을 차지한다. 다른 요소들에 비해 영향력이 가장 크다.
- 능력이 뛰어난 몇 명의 교사, 강사로부터 배운 학생은 학업성취도가 뛰어난 반면, 최소 두 명의 무능한 교사로부터 배운 학생은 학업성취도가 떨어진다.
- 교사, 강사의 능력이 학생의 학업성취도 향상에 90% 이상을 좌우한다.
- 학생의 학업성취도에 대한 가장 큰 영향을 주는 요소는 외부 요소가 아니라 교사, 강사의 효과적인 가르침이다.
- 교사, 강사의 효과적인 학습이 이루어지면 학업성취도가 낮은 학생들이 가장 먼저 혜택을 본다.
- 실제로 교사, 강사의 유머가 학생들의 학업성취도 향상에 긍정적인 영향을 미친다.

교육에 관한 여러 가지 연구 결과 중 사교육 강사에게 의미 있는 연구도 있다.

'강사가 문제냐?' 아니면 '학교, 학원 등의 교육 기관의 문제냐?' 이 문제는 닭이 먼저냐 달걀이 먼저냐를 따지는 우둔한 질문일 수도 있지만 연구 결과를 보면 강사의 능력이 학생들에게 더 많은 영향을 주는 것으로 나타났다. 물론 여러 가지 효율적인 제도와 교육환경은 학생들의 성취도를 높이는데 많은 영향을 준다.

강사가 지도하고 학생들과 생활하는 공간인 학원의 환경은 분명히 학생들에게 영향을 준다. 하지만 학업성취도에 더 많은 영향을 주는 요소는 강사의 능력이기 때문에 강사는 자신의 능력을 향상시키고 학생들을 가르치는 역할에 충실해야 한다.

강한 강사가 필요한 이유 II

상위 50%(중간정도) 성적의 학생이 입학했을 때 학교와 교사 효율성이 학습에 미치는 영향

• 비효율적인 학교에서 유능하지 못한 교사로부터 배울 때	2%
• 효율적인 학교에서 유능하지 못한 교사로부터 배울 때	37%
• 중간정도의 학교에서 중간정도의 교사로부터 배울 때	50%
• 비효율적인 학교에서 유능한 교사로부터 배울 때	63%
• 효율적인 학교에서 중간 정도 교사로부터 배울 때	78%
• 효율적인 학교에서 유능한 교사로부터 배울 때	96%

(%:2년 후 백분위 값)

카네기재단에서 22,000명의 교사를 대상로 설문조사를 했다. 설문에서 문제로 제기된 것은 교사가 지도하는 학생들의 상태에 상당히 큰 문제가 있다는 점이다. 부모의 도움이 필요하고 학생의 권리가 침해되고 학생의 의견이 무시되는 것 외에도 기본적인 보살핌을 받지 못해서 영양실조까지 언급되고 있었다. 무엇보다 가장 큰 문제는 모든 학생들이 감정적으로 빈궁하고 관심과 애정에 굶주려 있다는 조사결과가 나왔다는 것이다.

이와 같은 조사결과는 남의 얘기가 아니다. 현재 우리나라에서도 학생들이 학교의 교사보다 학원 강사들에게 의존하고 있다는 점을 부인할 수는 없다.

강한 강사가 필요한 이유 Ⅲ

뉴욕타임즈에 실린 미국 교사에 대한 설문조사 내용으로 카네기재단에서 22,000명의 미국 교사들이 응답한 내용이다.

- 90%의 교사는 학생들은 부모들의 도움이 부족해서 문제라고 생각한다고 응답했다.
- 89%의 교사는 학교에서 권리를 남용하거나 무시당하는 아이들이 있다고 응답했다.
- 69%의 교사는 학생들이 건강하지 못한 것이 문제라고 응답했다.
- 68%의 교사는 몇몇 학생들이 영양실조가 문제라고 응답했다.

나의 롤 모델을 정하라

| 강의에 적용할만한 심리이론

우리가 정보를 습득할 때 5감 시각, 청각, 촉각, 미각, 후각 중에서 어떤 감각의 정보습득 의존도가 가장 높을까?

시각이 75%로 가장 높고 청각 11%, 촉각 7%, 미각 4%, 후각 3%라고 한다. '강의를 듣는다'라고 표현하니까 청각에 의한 학습이 효과적이라고 생각하는 사람들이 많은데 실질적으로 정보습득 의존도는 시각이 훨씬 높다는 것을 알 수 있다.

따라서 강의를 설계할 때 시각적인 학습 자료를 준비하는 것이 효율적인 학습에 도움을 준다. 학습 효율을 높이는 연구결과와 학생들의 학업성취도를 예측하는 자료들은 강사들에게 많은 도움이 된다.

대표적인 자료가 바로 '망각곡선'이다. 독일의 심리학자인 헤르

멘 에빙하우스가 주장한 망각곡선은 인간의 기억에 대한 연구결과
로 학습이나 반복학습, 특히 인지력 향상에서 많이 활용된다. 에
빙하우스의 연구에 따르면 한번 기억한 내용은 기억한 직후부터
감소하여 19분에는 60%만 남고 63분이 경과하면 절반을 넘어
45% 정도만 기억된다.

하루만 지나도 기억했던 내용 가운데 33%만 기억에 남고 한 달
이 지나면 약 80%의 정보는 소실되고 약 21% 정도만이 기억에 남
는다.

이런 결과에 따라 에빙하우스는 효과적으로 학습을 하기 위해서
잊혀지는 시점에 반복적으로 다시 학습하는 것이 학습 효율을 높
이는 방법이라고 주장했다.

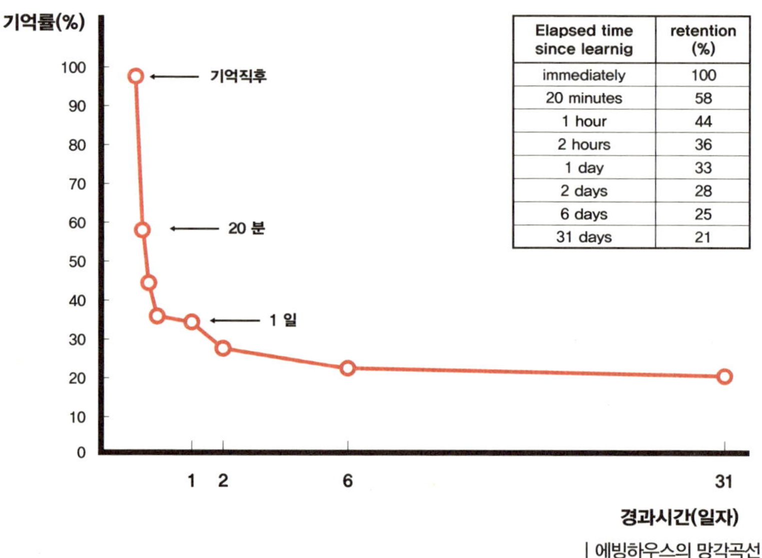

Elapsed time since learnig	retention (%)
immediately	100
20 minutes	58
1 hour	44
2 hours	36
1 day	33
2 days	28
6 days	25
31 days	21

| 에빙하우스의 망각곡선

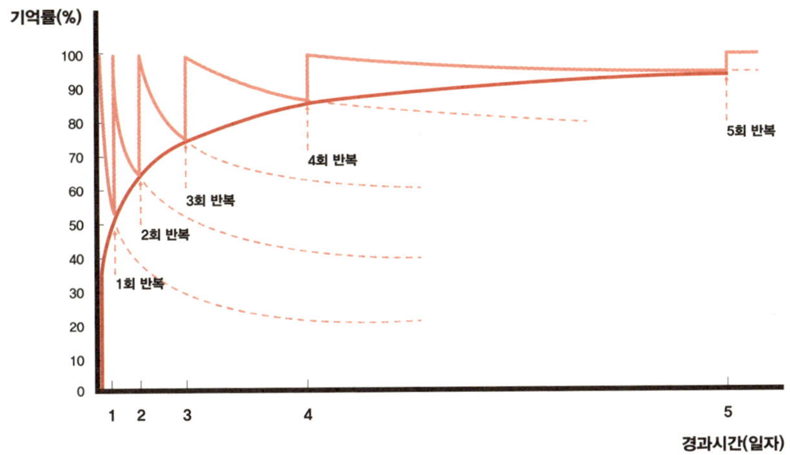

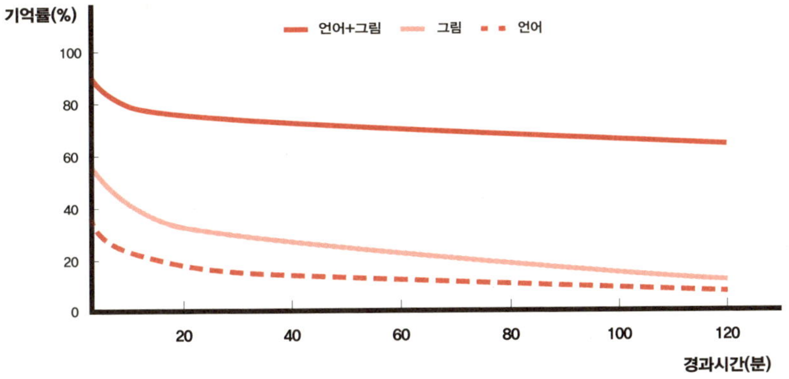

사람이 기억하는 형태는 크게 그림, 언어, 그리고 언어와 그림이 복합된 형태 세 가지다. 효과적인 설명을 가능하게 하는 것은 이들 중 어떤 것이며 기억에 오랫동안 남는 형태는 무엇일까? 시간의 경과에 따라 기억률을 살펴보면 언어만으로 기억되는 내용은 20분 후 18% 정도이며 100분 후에는 4% 정도다.

그림만으로 기억되는 내용은 100분 후 19% 정도다. 언어보다는 그림이 더 기억에 오래 남는다는 것을 알 수 있다. 하지만 언어와 그림을 같이 사용하면 20분 후에 80% 정도 기억하고 100분 후에 70% 정도 기억에 남는다.

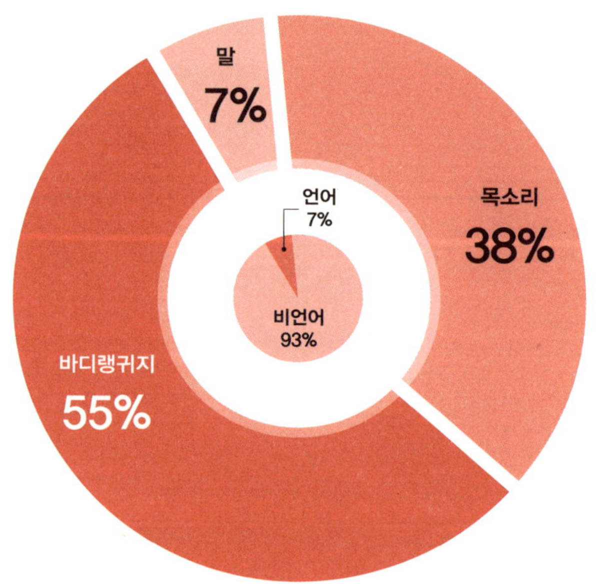

| 멜라비언의 법칙

미국의 사회 심리학자인 앨버트 멜라비언Albert Mehrabian 박사가 『Silent message』라는 책에서 개인의 인상을 결정짓는 요소를 조사한 결과를 발표하면서 주창한 멜라비언의 법칙The law of Mehrabian이 있다. 멜라비언의 효과라고도 한다.

멜라비언 법칙에 따르면 사람이 상대방으로부터 받는 이미지는 말의 내용보다 말 이외의 비언어적인 수단에 의해 더 크게 좌우된다. 실제로 전달하고자 하는 언어는 7%에 불과하지만 언어 이외의 비언어적인 바디랭귀지나 목소리가 전달되는 전체 이미지 가운데 93%를 차지한다는 이론이다. 기존의 커뮤니케이션 이론과는 상충되지만 현재는 많은 영역에서 멜라비언 법칙이 받아들여지고 있다.

강의할 때 강사가 놓치는 부분이 바로 비언어적 요소다. 제스처나 목소리, 표정 등 외적으로 표현하는 여러 가지 효과도 학생들에게 전달할 때 아주 중요하게 작용한다는 사실을 명심해야 한다.

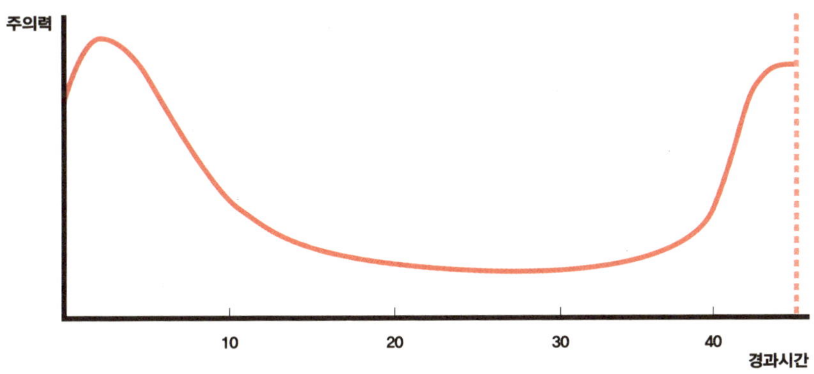

또 다른 연구도 있다. 강사가 강의할 때 학생청중들은 어느 정도 집중할까? 강의를 시작하는 시점에는 강의에 집중하지만 20분 정도 넘어서면 주의력이 급격하게 감소하는 것을 알 수 있다. 주의력이 급격하게 감소한 이후 40분 정도 지나서 강의가 끝날 때쯤이면 다시 주의력이 회복된다. 이처럼 학생들의 집중도가 감소하는 현상을 방지하려면 어떻게 해야 할까? 집중력이 저하되는 시점에 인위적으로 주의를 환기시키면 된다. 강의의 집중도가 떨어질 때

설명한 내용에 대해서 간략하게 정리하고 테마의 변화를 준다.

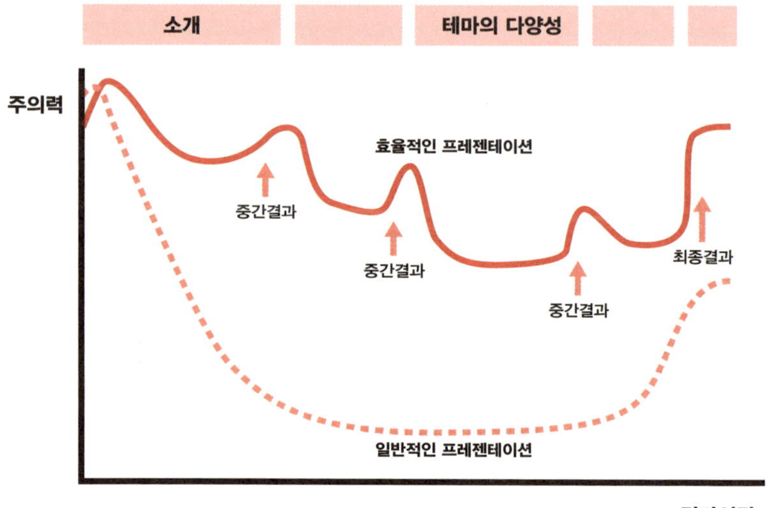

집중력이 감소하는 시간마다 강의 내용을 정리하고 테마의 변화를 주면서 주의를 환기시키는 것이다. 강의에 대한 간략한 정리는 학생들을 다시 집중하게 만들고 강의 중에 놓친 부분을 한 번 더 설명하는 기회가 된다.

| 강사의 롤 모델은 누구인가?

강의할 때 거의 모든 강사들이 고민하는 문제는 비슷하다. 강의 중에 문제가 생기는 경우에는 선배 강사 또는 훌륭한 강사들은 어떻게 할까? 모든 강사들이 비슷한 문제를 안고 있기 때문에 나보다 먼저 경험한 주변의 다른 강사에게서 해법을 찾을 수도 있다.

다른 강사의 강의를 표절하라는 것이 아니다. 다른 강사가 문제를 어떻게 해결하는지 살펴보고 내가 활용할 수 있는 방법으로 개발하여 적용해야 한다. 다른 강사의 노하우를 빌리는 방법은 여러 가지가 있다. 경쟁자들에게서 노하우를 찾을 수 있다. 경쟁자들의 강의 방법을 관찰하거나 사회 현상에서 갈등을 해결하는 방법에서도 노하우를 찾을 수 있다. 강사 외에도 주변 사람들을 통해서 얻을 수도 있고 TV 프로그램이나 영화, 전시장의 도슨트 등 예상하지 못했던 곳에서 강의 중 문제를 해결하는 노하우를 얻을 수 있다.

헤밍웨이는 다른 작가들에게서 중요한 아이디어를 빌렸다.

'누구를 위해 종은 울리나(For Whom the Bell Tolls)'라는 소설의 제목은 존 돈(John Donne)의 시에서 훔쳤다. '태양은 다시 떠오른다(The Sun Also Rises)'라는 제목도 제임스 왕의 번역본 성경에서 그대로 옮기다시피 한 것이다.

아이작 뉴턴도 미적분법을 만들기 위해 존 윌리스, 르네 데카르트와 같은 수학자들의 아이디어를 빌렸다. 다른 수학자가 표절 의혹을 제기할 때 그는 '거인의 어깨 위에 올라섰다'라는 난해한 표현으로 스스로를 변호했다.

영화 〈펄프픽션(Pulp Fiction)〉의 시나리오를 쓰고 연출한 쿠엔틴 타란티노는 영화에 대한 자신의 생각을 난해하지 않게, 솔직하게 털어놓았다.

"나는 내가 본 모든 영화에서 도둑질을 했다."

데이비드 코드 머레이의 「바로잉(Borrowing)」 중에서 구체적으로 강사에게 문제 해결 방법을 빌려줄 사람은 어디에 있을까?

강의의 롤 모델은 의외로 쉽게 찾을 수 있다. 요즘은 다양한 매체를 통해서 여러 가지 강의를 접할 수 있기 때문이다. TV나 인터넷에 등장하는 강사들이 모두 검증되었다고 할 수는 없지만 많은 사람들에게 좋은 평을 듣기 때문에 대중 매체에서도 강의를 하는 것이다.

유명한 강사들은 탄탄한 커리큘럼과 명확한 메시지를 갖고 있다. 그리고 강의의 강약을 조절하기 위해서 퍼포먼스를 이용한다. 이들은 학생과 학부모, 청중을 집중시키는 여러 가지 스킬과 노하우를 보유하고 있다.

강사에게 롤 모델은 매우 중요하다. 롤 모델은 강사가 강의하는데 구심점 역할을 한다. 만약, 학교나 인터넷 강의, 방송에서 롤 모델을 찾지 못한다면 주변에 강의하는 선배 강사들을 관찰하고 본받을 점을 찾아야 한다.

롤 모델을 찾는 방법

1. 인터넷 강의를 보면서 강사의 성향을 파악한다.
2. 영역별로 강의 방식이 다른 강사들을 보면서 그들의 성향의 파악한다. (깊이, 넓이, 유머, 진중함, 지도하는 대상, 상위권, 중위권, 중하위권, 하위권 등)
3. 강의 방식이 다른 강사들의 강의 패턴을 연구한다. 단순한 시청이 아니라 강사의 습관, 장점, 단점, 억양, 제스처까지 분석한다.
4. 유명한 강사의 커리큘럼과 강의 자료를 연구한다.
5. 커리큘럼과 강의 자료를 연구한 내용을 바탕으로 자기만의 커리큘럼과 강의 자료를 만든다.
6. 지도할 대상에 따라서 강의 목표와 컨셉(폭 넓은 지식을 전달하는 강의, 유머러스한 강의, 진중한 강의 등)을 명확하게 설정한다.
7. 현재 하고 있는 강의에 새롭게 만든 커리큘럼, 강의 자료, 지도 대상, 목표와 컨셉을 접목한다.
8. 설정한 대로 강의할 때 나타나는 문제점을 확인한다.
9. 문제점을 보완하기 위해서 롤 모델의 강의를 심층 분석하고 문제해결 방법도 찾는다.

강의할 때 습관은 무엇인가?

| 나의 습관을 알아야 한다

수영선수 마이클 펠프스는 미국 국가대표로 올림픽에서 18개의 금메달을 땄고 은메달 2개 동메달 2개를 포함해서 총 22개의 올림픽 메달을 갖고 있다. 2012년 런던올림픽을 마지막으로 선수 생활을 마감했다. 수영 코치 밥 바우먼Bob Bowman은 펠프스가 수영선수로 대성할 것을 예견하고 어렸을 때부터 지도했다.

펠프스의 신체 조건은 뛰어났지만 감정의 기복이 심했고 부모의 이혼으로 심리적으로 안정된 상태가 아니었다. 바우먼 코치는 어린 펠프스에게 좋은 습관을 길러주려고 노력했다. 1/1000초를 다투는 수영경기에서 심리적 안정은 무엇보다 중요하기 때문이다. 바우먼 코치는 펠프스에게 훈련이 끝나고 집에 돌아가서 잠들기 전에, 아침에 눈을 떠서 자신의 수영경기 레이스를 상상하라고 지시했다.

 팰프스는 잠들기 전에, 아침에 깨어나서 비디오를 보는 것처럼 자신의 수영경기를 상상했다. 이런 상상 훈련이 좋은 습관으로 자리를 잡게 되었다. 팰프스는 레이스 도중에 발생하는 모든 상황을 머릿속에서 비디오테이프를 재생하듯 사소한 것, 실수와 돌발 상황까지 이미지 트레이닝을 했다.

 실제로 수영경기에서 일어날 수 있는 많은 변화를 예측하고, 일어날 수 있는 아주 작은 변화까지 상상하면서 경기를 준비했기 때문에 팰프스는 올림픽 역사에 남을 만큼 위대한 선수가 되었다.

 강사는 강의를 하기 위해서는 크게 두 가지 습관을 체크해 보아야 한다. 첫 번째는 강의를 준비하고 관리하고 평가하는 습관이다. 두 번째는 실제 강의 중에 강사의 습관을 확인하는 것이다. 강의를 계획하고 강의준비 학생, 학부모를 상담하고 강의관리 강의한 내용과 학생들의 반응을 평가 강의평가 하는 것은 매우 중요하다. 반드시 강의 준비와 관리, 평가를 실천하는 습관을 들여야 한다.

 다음 자료는 강사가 스스로 강의를 평가하는 데 유용한 평가 자료다.

 강의 중에 학생들의 눈에 보이는 강사의 습관도 매우 중요하다. 강의를 할 때 어떤 습관을 가지고 있는지 알아야 하고 강의 중에 학생들의 주의를 환기시키며 집중하게 만드는 습관을 만들어야 한다. 그리고 자신의 습관 중에서 수정·보완할 것은 없는지 살펴보아야 한다. 강의 습관을 살펴보는 가장 좋은 방법은 강의하고 있는 자신의 모습을 촬영해서 모니터링 하는 것이다. 모니터링 하면 강의 중에 자기도 모르게 했던 말투, 행동 등을 확인할 수 있다.

평가항목	5	4	3	2	1	0
1. 강의에 열의가 있는가?						
2. 강의에 대한 연구를 지속적으로 하는가?						
3. 학생들의 이름을 기억하는가?						
4. 일주일에 한 번 학생들과 상담하는가?						
5. 일주일에 한 번 이상 학부모와 상담하는가?						
6. 학생들에게 호기심을 유도하기 위한 연구를 하는가?						
7. 강의 계획서를 작성하는가?						
8. 강의 시작 전에 강의실에 들어가는가?						
9. 강의가 일찍 끝날 때를 대비한 예비문제를 준비하는가?						
10. 강의를 정시에 끝내는가?						
11. 강의가 끝나고 잠시 남아서 질문 등에 대한 시간을 할애하는가?						
12. 강의에 대한 적합한 평가가 이루어지는가?						
13. 학생들에게 평가에 대한 피드백이 이루어지는가?						
비고						

여러 가지 이론에 기초하여 자신의 습관들을 확인하고 분석할 수

있다. 자신의 습관을 확인하고 분석하는 방법 가운데 가장 보편적인 것이 변인을 통한 분석이다. 변인을 통한 분석은 조건변인, 방법변인, 결과변인이 있다. 조건변인은 강사가 조절할 수 없는 제약요건을 말한다. 예를 들어, 교과 내용, 학습 목적, 학습자의 특성, 시간 등이 조건변인에 해당된다. 이런 조건들은 강사가 마음대로 조절할 수 없다. 방법변인은 강사가 통제할 수 있는 조건들을 계획적으로 통제하고 통제해서 얻은 결과를 분석하는 방법이다. 마지막으로 결과변인은 통제 불가능한 조건과 통제 가능한 조건들 사이에 효과성, 효율성, 매력을 나타낸다. 변인을 통한 분석에서 강의에 대한 최종적인 결과를 얻을 수 있다.

세 가지 변인을 통한 분석 가운데 강사가 자신을 스스로 분석할 수 있는 방법은 방법변인이다. 방법변인으로 자신의 습관을 분석하고 조직전략, 전달전략, 관리전략을 세울 수 있다. 조직전략은 학생, 학원, 커리큘럼, 학습 방법 사이의 관계를 설정하는 것이다. 전달전략은 내용을 전달하고, 평가하고, 피드백하는 방법 등을 말한다. 관리전략은 조직전략과 전달전략을 효과적으로 분석해서 어떤 방법을 적용할지 고민하는 것이다.

평가항목	5	4	3	2	1	0
전달전략 1. 목소리는 크기가 적절한가?						
전달전략 2. 말하는 속도가 적절한가?						
전달전략 3. 또렷한 발음으로 의미가 전달되는가?						

전 달 전 략	4. 목소리의 높낮이 변화가 있는가?					
	5. 목소리의 강약이 적절한가?					
	6. 강사의 동선(東線)이 변화하고 있는가?					
	7. 학생들과 시선(eye contact)을 주고 받고 있는가?					
	8. 강사의 시선이 모든 학생들을 보는가?					
	9. 무표정하지 않은가?					
	10. 팔, 손 등 동작으로 표현을 하는가?					
	11. 판서를 할 때 색깔을 통해 시각적인 강조를 하는가?					
	12. 판서를 할 때 중요한 부분을 강조하는가?					
	13. 잠시 멈추거나 주의를 환기시키는 브레이크 효과가 있는가?					
	14. 판서의 항목을 나타내는 기호가 일치하고 올바른가? (1, 2, 3, ㄱ,ㄴ,ㄷ 등)					
	15. 동일한 내용을 중복하지 않는가?					
	16. 습관적으로 반복해서 사용하는 말이 있는가?					
	17. 강의의 확실한 목표, 목적을 전달했는가?					
	18. 강의의 내용이 포괄적이지 않고 구체적인가?					
	19. 강의에 열의가 느껴지는가?					
	20. 강의 시작 전 강의의 목표와 목적을 전달하였는가?					

조직전략							
	21. 강의 마지막에 강의 최종 목표를 전달하였는가?						
	22. 개념의 이해를 위해 호기심을 유도하는가?						
	23. 가장 중요한 핵심 내용이 부각되었는가?						
	24. 특정 학생에 편향된 수업을 하는가?						
	25. 학생 개별 의사를 존중해 주는가?						
	26. 학생들이 참여할 기회를 주는가?						
	27. 학생이 잘했을 때 칭찬하는가?						
	28. 학생이 못했을 때 격려해 주는가?						

우리가 잘 알고 있는 P&G의 '페브리즈'는 상품을 개발한 직후에 시장에서 철저하게 외면을 받다가 재기에 성공한 대표적인 상품이다. P&G에서는 신상품을 기획하다 '하이드록시프로필베타사이클로덱스트린HPBCD'이라는 물질이 가지고 있는 뛰어난 탈취 성능을 발견한다. 이 물질의 발견으로 경영진은 새로운 시장 가능성을 확신했다. 이 물질을 상품화한 것이 바로 '페브리즈'다. P&G는 새로운 물질HPBCD의 탈취성능을 자랑하면서 페브리즈를 광고했다.

그러나 시장에서 반응은 전혀 없었다. 사람들은 자신의 집에서, 몸에서 나는 냄새에 익숙해서 탈취제의 효용가치를 몰랐던 것이다. 광고를 보고 호기심에 구입한 소비자들도 있지만 한두 번 써보고 이용하지 않았던 것이었다.

페브리즈의 상품화에 실패한 P&G는 새로운 전략을 수립하기 위해서 소비자들의 행동패턴을 분석했다. 연구를 위해 주거 생활을 비디오 촬영을 통해 분석을 했고 가정주부들이 청소나 빨래를 한 다음 행복한 표정을 짓는 모습을 발견했다. P&G는 페브리즈 상품의 전략을 수정하여 탈취제가 아니라 청소와 빨래를 마무리할 때 페브리즈를 사용하는 습관을 들이도록 광고했다.

수정한 페브리즈 전략은 적중했다. 이제는 빨래와 청소를 끝낼 때 '페브리즈'를 해야 한다고 생각하는 사람들이 많다. 페브리즈가 소비자의 새로운 습관으로 자리 잡게 된 것이다. 대중들의 습관을 살펴보지 않아서 실패했던 상품을 새로운 습관을 통해서 새로운 시장을 만든 것이다.

마이클 펠프스처럼 부족한 부분을 좋은 습관으로 보완하는 방법이 훌륭한 강사로 성장하는 과정에 반드시 필요하다. 가장 이상적인 자기계발 과정이라고 할 수 있다. 내가 좋은 습관을 가질 때까지 곁에서 지켜봐주고 칭찬하고 질책하고 관리해준다면 뛰어난 강사로 성장하는 시간은 상당히 단축될 것이다.

하지만 대부분의 강사는 P&G의 페브리즈 사례처럼 나쁜 습관을 발견한 이후에 좋은 습관을 들여서 단점을 보완하면서 성장한다.

습관은 매우 중요하다. 습관을 바꾸면 처음에는 어색하고 신경이 쓰여서 정상적인 수업을 하지 못할 수도 있다. 하지만 분명한 것은 강사 자신이 어떻게 강의하는지 객관적으로 알아야 하고 갑작스런 변화로 혼란기를 겪는 것보다는 지속적으로 습관을 관찰하고 개선하면서 발전 방향을 모색해야 한다는 것이다.

| 강조해야 할까? 보완해야 할까?

과학자 스튜어트 카우프만Stuart A. Kauffman은 '인접가능성adjacent possible'을 주장했다. 인접가능성은 이런 것이다. 태초에 지구에는 생명체가 존재하지 않았다. 지구가 탄생했을 때는 수소와 헬륨과 같은 가벼운 기체가 주를 이루었다. 태양과 화산, 물 등의 영향으로 지구의 구성요소가 변화하면서 지구에는 암모니아, 메탄, 물, 이산화탄소와 약간의 아미노산, 간단한 유기화합물이 존재하기 시작했다. 이러한 화합물로 만들 수 있는 것은 생명체를 구성하는 작은 부분이다. 세포를 구성하는 단백질, DNA를 구성하는 당분자 등 아주 간단한 물질이 만들어지고 그 후에 생명체가 탄생하게 되었다. 이러한 과정을 인접가능성이라고 한다.

인접가능성은 모든 것이 주변의 상황에 맞게 변화를 추구해야 한다는 의미를 담고 있다. 생명체가 존재하지 않았던 지구에 갑자기 모기, 잠자리, 강아지, 코끼리, 인간 등이 탄생한 것은 아니다.

강사도 마찬가지다. 자신에 대해서, 자신의 강의 습관에 대해서 잘 알아야 한다. 좋은 습관은 강조하고 부각시켜서 아이덴티티로 만들어야 하고 나쁜 습관은 보완해서 전달력을 향상시켜야 한다.

예를 들어, 특이한 말투나 부정확한 발음, 사투리, 유머, 욕 등이 좋은 습관인지 나쁜 습관인지 판단해야 한다. 사투리나 욕을 강조해서 유명해진 강사들도 있다. 사투리로 강의하면 표준말로 강의하는 것보다 학생들이 덜 지루하게 느낀다. 부정확한 발음은 처음에는 듣기 거북하지만 어떤 말을 하는지 오히려 집중하게 만드는 역할을 하기도 한다. 유머는 어떤 강의에서나 강점으로 작용한다. 강의 중에 욕을 하는 것은 때로는 논란이 되지만 습관적인 욕이나 계획적인 욕에는 악의적인 의미가 없기 때문에 학생들의 흥미와 집중을 유도하는 요소로 작용한다. 강사는 자신의 습관이 무엇인지를 알아야 강조하거나 보완할 수 있다.

토니 부잔Tony Buzan은 어떤 교육도 90분을 넘지 않아야 하고, 20분마다 변화를 주며, 8분마다 사람들에게 참여하는 기회를 주어야 한다고 했다. 성인들도 쉬는 시간 없이 진행되는 90분 수업을 듣기는 어렵다. 20분 동안 집중력을 유지하기 어렵기 때문에 8분마다 학생들을 참여하게 해서 동기부여를 해야 한다.

강사가 자신을 판단했을 때 현재의 습관이 좋다, 나쁘다고 판단하기 전에 학습에 집중도를 높이기 위해서 어떻게 사용하면 좋을지 고민해야 한다.

나는 강의를 시작하고 한동안 사투리 때문에 심각하게 고민한 적이 있었다. 요즘은 취업면접을 하기 위해서 표준어를 배우는 지방 출신 학생들이 많다. 사투리가 심하면 이런 고민을 하는 게 당연하다. 하지만 나는 사투리를 고치지 않았다. 지금은 사투리를 수업 중에 적절하게 사용하고 있다. 방송인 강호동 씨도 사투리를 쓰지만 공중파에서 오히려 재미 요소로 작용한다. 인터넷 강의를 하는 지방출신 강사들, 특히 경상도나 전라도 지역의 강한 사투리를 쓰는 강사들은 강의 중에 자신의 사투리를 강조하는 사람들이 많다.

강의 중에 욕을 쓰는 경우도 마찬가지이다. 한때 인터넷 강의에서 강사의 욕이나 정치적인 발언이 사회적으로 문제가 되기도 했다. 사교육이지만 학생들을 가르치는 교육자의 입장에서 개그 프로그램에 나오는 말투를 인터넷 강의에서 사용하는 것이 옳은 일인지 비판하기도 했다. 여러 가지 의견이 나왔고 저마다 분명한 이유도 있었다.

교육자라면 학생들에게 욕을 하지 말아야 한다고 지도해야 한다. 토니 부잔의 말처럼 분위기 전환과 집중도를 높이기 위해 악의적이지 않은 욕을 적절하게 사용하는 것은 강의의 흐름을 원활하게 하는 요소로 인정할 수 있다고 생각한다.

이외에도 강사의 좋지 않은 습관은 많다. 부정확한 발음으로 학생들에게 지탄을 받았지만 지금은 최고가 된 강사도 있다. 발음이 부정확한 강사는 자신의 약점을 파워포인트와 그림 자료_{시각화}를 통해 보충 설명해서 단점을 보완했다. 이렇게 보여준 자료들이 오히려 학생들에게 도움이 되었고 부정확한 발음은 강사의 단점이 아니라 특징으로 거듭났다.

소리만 지른다고
학생들이 집중할까?

| 강의에도 포메이션이 있다

축구는 온 국민이 사랑하는 스포츠다. 축구에는 참으로 오묘한 '포메이션'이라는 전략이 숨어있다. 모든 선수가 골을 넣으려고 달려가는 것이 아니라 선수들의 기량과 상대팀의 작전에 따라 선수들 사이에서 다양한 변화를 추구하는 것이다. 축구는 11명의 선수가 팀을 이뤄서 하는 스포츠다. 골키퍼 1명을 제외하고 나머지 10명의 선수가 공격수, 미드필드, 수비수 역할을 한다. 각자 맡은 역할과 선수들 사이의 장점들을 조합하면 경기장에서 수없이 많은 전략을 구사할 수 있다.

축구가 탄생할 당시에는 포메이션이라는 개념이 없었다. 기량이 뛰어난 선수가 자신의 개인기를 바탕으로 골을 많이 넣는 팀이 승리했다. 축구에 작전이 도입되고 포메이션이라는 개념이 처음으로 만들어진 것은 축구의 발상지인 영국에서다. 골을 넣는 것이 최상의 목표이고 5명의 공격수와 3명의 미드필드 2명의 수비수를 배치하는 것이 기본적인 피라미드 포메이션이다.

1930년대에 치러진 제1회, 2회, 3회 월드컵에서 피라미드 포메이션으로 우루과이, 이탈리아, 프랑스가 우승했다.

이후에 포매이션은 다양해졌다. 1950년과 1954년 대회에서는 WM포메이션이 등장했다. 브라질은 독특한 4-2-4 포메이션으로 1958년 월드컵과 1962년 월드컵을 2연패하며 축구의 전술적인 패러다임에 변화를 가져왔다.

이제는 포메이션보다 상대팀과 미드필드에서 접전하는 전략을 구사한다. 이렇듯 축구는 10명의 선수를 어디에 배치하고 미드필드에 몇 명, 수비수는 어떻게 강화할 것인지, 공격력을 향상시키는 배치와 전략은 무엇인지 고민하며 발전하고 있다.

강의도 축구와 마찬가지로 학생에 따라서 강사가 중요한 내용을 강조하고 수업의 효율성을 높이기 위해 여러 가지 요소를 적재적소에 배치해야 한다.

강사에게는 효과적으로 강의를 할 수 있는 전략적인 교수법이 필요하다.

교수법에는 여러 가지가 있다. 강사의 강의 태도는 교수법이 아니지만 강사가 기본적으로 갖춰야 하는 소양이다. 태도는 교과 수준이나 학습 목표 혹은 학생의 능력에 상관없이 학업성취도를 높이기 위한 기본요소다. 강사가 가지고 있는 기술이 중요한 것이 아니라 학생들 앞에서 적극적이고 능동적인 태도를 가지고 있는가가 중요하다.

먼저 강의를 조직화하는 능력도 필요하다 있다. 조직화는 크게 두 가지로 구분할 수 있다. 첫 번째는 관리상 조직화로써 수업을 하는 공간을 관리하는 것이다. 관리상 조직화는 학생의 문제 행동을 예방하고 학습 효율을 향상시키는 것과 깊은 관련이 있다. 두 번째는 개념상 조직화로써 학생들에게 교과의 내용을 분명하게 설명하고 논리적으로 개념을 제시하는 것이다.

다음으로 의사소통하는 능력이 필요하다. 강사와 학생은 강의를 통해서 의사소통을 한다. 의사소통이 분명하면 강의의 효과는 배가 된다. 분명한 의사소통을 위해서는 정확한 서술어를 사용해야 한다. 예를 들어, '아마도', '어쩌면', '대개는' 등의 모호한 표현은 학생들에게 확실하지 않은 느낌을 준다.

전환신호도 중요하다. 강의의 테마가 바뀔 때 명확하게 테마가 전환된다는 신호를 전달해야 한다.

그리고 강조를 통해서 학습정보에 대한 경각심을 높여야 한다. 강사에게 '집중'은 수업 전반에 걸쳐 학생들의 주의를 이끌어 내고 유지하는 것이다. 강사가 사용해야 하는 집중은 3가지 유형으로 구분된다.

첫째는 도입부집중으로 수업이 시작되는 부분에 학생들의 주의 집중을 이끌어 내는 것이다. 둘째는 감각집중으로 주의집중을 유지하기 위하여 학생들을 자극하는 것이다. 셋째는 학문집중으로

224

중요한 주제에 대해서 지속적인 관심을 보이도록 하는 것이다.

피드백이란 미래의 수행능력을 향상시키기 위하여 현재 행동에 관한 정보를 제공하는 것이다. 문어적 피드백으로 보고서, 평론 등 서면으로 작성하는 형태가 있고, 구어적 피드백으로 질문과 대답하는 형태가 있다.

강사는 수업의 효과를 높이기 위해서 지속적으로 학생들의 행동과 반응에 주의를 기울여야 한다. 모니터링은 강사가 수업이 진행되는 상황을 전반적으로 이해하기 위해서 학생들의 언어 행동과 비언어 행동을 관찰하는 것이다. 학생의 수업 태도, 자습을 하는 동안 학생들의 이해도를 파악하는 것도 모니터링에 포함된다.

점검과 정리는 학습한 내용을 요약하고 앞으로 배울 내용을 연결하는 과정이다. 점검과 정리를 통해서 학생들은 학습의 연계성을 이해하게 된다.

강사는 질문을 통해서 학생의 사고를 자극하고, 강사와 학생들, 학생과 학생 사이에 관계를 형성한다. 질문을 하면 소극적인 학생들을 학습에 참여시킬 수 있고, 산만한 학생들의 주의를 집중시키고, 학생들이 스스로를 평가할 수 있다.

| 강의에도 SNR이 있다

효과적인 수업 방법은 강사가 평생을 두고 고민해야 하는 부분이다. 학생들을 '집중focus'하게 만드는 방법도 마찬가지로 강사가 고민해야 할 부분이다.

집중에서 오해하지 말아야 할 부분이 있다. 예를 들어, TV를 정말 재미있게 보고 있는데 주변에 불필요한 소음이 들린다면 TV 시청에 방해가 된다. 너무 밝은 햇빛이나 불빛 때문에 화면이 잘 보이지 않아도 TV 시청에 집중할 수 없다. 이처럼 집중할 수 없게 만드는 요인을 전자나 통신 분야에서 사용하는 용어로 'SNR_{signal to noise ratio}'이라고 한다. '신호 대 잡음비'라고 표현하는데 전달하려는 신호와 신호를 방해하는 잡음의 상호 비율을 따져보는 것이다.

강의에도 SNR, 즉 신호 대 잡음비가 존재한다. 명확히 전달되어야 할 강의내용이 신호_{signal}이고 강의 내용을 방해하는 요소가 잡음_{noise}이다. 강사가 너무 자세히 설명하려는 욕심에서 부연 설명을 길게 늘어 놓는 것도 잡음_{noise}이다.

예를 들어, 강의를 시작할 때 주의를 집중시키기 위해서 유머를 사용하면 학생들은 강사에게 관심을 보이기 시작한다. 여기까지가 유머의 긍정적인 영향이다. 만약 유머를 지나치게 사용하거나 여담을 오랫동안 하면 학생들은 산만해진다. 주의를 집중시키기 위해 너무 다양한 형태_{시각, 청각, 촉각 등}의 자료를 사용해서 수업을 진행하면 학생들이 학습 내용보다 자료에 관심을 보여서 집중에는 오히려 방해가 되기도 한다.

이러한 현상은 전달하고자 하는 교육정보보다 집중시키기 위해서 사용하는 장치가 방해 요인으로 작용하기 때문에 일어난다. 외부에서 발생하는 방해 요소는 철저하게 차단해야 한다. 강의 내용 대신 불필요한 정보를 너무 많이 전달하는 것 또한 방해 요소가 된다.

　재미있고 웃긴 얘기는 주의를 환기시키기 위해서 효과적일 수 있다. 하지만 너무 자주, 너무 많이 사용하면 학습 내용이 유머에 묻혀 버려서 교육정보를 제대로 전달하지 못하는 경우도 발생한다.

　음향적 요소도 집중력 향상에 큰 영향을 준다. 대표적인 것이 강사의 목소리이다. 목소리의 강약, 고저, 간결한 말투 등 잡음이 되는 요소는 곳곳에 숨어 있다. 목소리가 너무 작아서 뒤쪽에 앉은 학생에게 전달되지 않는 것도 집중력을 저하시키는 요소다. 반대로 무모한 샤우팅shouting은 계속 강한 신호만을 전달해서 학습 내용의 중요도를 판단할 수 없게 만든다.

　강사가 시종일관 큰 소리로 강의하면 학생들은 큰 소리에 대한 내성이 생겨서 강의 후반에는 학생들의 집중력이 떨어진다.

　보컬 어래인지먼트Vocal Arrangement를 통해 중요한 부분과 비교적 중요하지 않은 부분에서 목소리의 높낮이를 다르게 할 필요가 있다. 작은 목소리로도 학생들을 집중시킬 수 있고, 강하고 높은 소리로도 학생들을 집중시킬 수 있다는 것을 명심해야 한다.

강한 강사의 노력

POWER TUTOR

<u>**제6장**</u>

강한 강사의 노력

남이 만든 아스팔트는
내가 만든 오솔길보다 못하다

강의로 먹고 살려면 끊임없이 연구하라

남의 주머니에 있는 돈은 내 돈이 아니다

내가 알려준 잘못된 정보가
학생의 인생을 망친다

전쟁터에서는 새로운 무기가
많을수록 좋다

강사의 재산은 몸뚱아리다

남이 만든 아스팔트는
내가 만든 오솔길보다 못하다

| 강사의 길

우리가 걸어 다니는 길은 그 종류가 많다. 아스팔트길, 콘크리트길, 낭만 있는 저녁의 골목길, 석양이 지는 오솔길, 멋진 풍경의 올레길 등 수없이 많은 길이 있다. 이런 길은 말 그대로 우리가 걸어 다니는 길이고 이제부터 설명하려는 길은 '로드맵road map', 즉 일이나 계획을 정리한 지침을 말한다.

강사가 가야 하는 길은 어떤 길일까? 명확하게 이것이 '강사의 길'이라고 대답해 줄만한 길은 없다. 하지만 분명한 것은 남이 만든 길에는 이미 많은 사람들이 지나다닌다는 점이다. 남이 만들어 놓은 길은 러시아워 때는 숨이 막힐 정도로 교통체증이 심하다. 또 사람들이 적게 지나다니는 시간에는 빠른 속도로 이동하기 때문에 주변에 무엇이 있는지 모른 채 지나간다.

강사에게는 다른 사람이 잘 만들어 놓은 아스팔트보다 직접 만든 오솔길이 더 낫다. 풀을 헤치고 돌계단을 만들고 개울을 건널 수 있는 징검다리도 직접 만드는 것이 바람직하다. 아름다운 경치를 보듯이 학생의 학업성취도와 습관을 보고 학부모가 원하는 것도 보면서 돌을 차곡차곡 쌓아서 튼튼한 돌계단을 만들고 평평한 돌을 골라서 징검다리도 만들면서 여러 가지 경험을 해야 한다.

| 친숙한 것에서 벗어나 특별한 것을 찾자

미국의 철학자 토마스 쿤T.S.Kuhn은 『과학혁명의 구조』라는 책에서 패러다임의 전환Paradigm shift을 주장했다. 패러다임이란 그 시대에 생각할 수 있는 사고의 큰 틀을 의미한다. 사고의 큰 틀, 즉 생각의 틀은 시대의 흐름에 따라 큰 변화를 일으킨다는 것이다. 토마스 쿤은 이것을 패러다임의 전환이라 불렀다.

프톨레마이오스의 천동설이 코페르니쿠스의 지동설로 바뀐 것이 가장 대표적인 패러다임의 전환이라 할 수 있다. 패러다임의 전환은 점진적으로 이루어질 수도 있지만 일순간에 바뀌는 경우도 있다.

토마스 쿤은 『과학혁명의 구조』에서 패러다임의 전환이 많은 사람에 의해서가 아니라 특정인 혹은 특정 그룹에 의해 이루어진다고 했다. 책이 출간된 1962년에는 세상을 바꾸는 생각이 몇 사람에 의해 이루어진다는 주장에 대해서 논란이 있었다. 하지만 현재는 이런 주장이 오히려 현실적이라는 의견이 많다.

이동통신 시장의 패러다임을 전환한 아이폰은 스티브 잡스의 상상에서 시작되었다. 애플은 아이폰 출시와 함께 스마트폰 시대를 열었다. 아이폰이 보급되면서 기존의 통신체계는 완전히 바뀌었다. 우리는 패러다임의 전환을 과거보다 빠르게 경험하고 있으며 과학 분야에서 영역을 확장해서 사회, 경제, 문화 등의 영역에서 패러다임의 전환이 일어나고 있다.

| 강사의 패러다임

강사도 패러다임의 전환이 필요하다. 강사들은 전공이나 가르치던 영역에서 벗어나지 않으려고 하는 특징이 있다. 미래를 대비하려면 강사들도 기존의 사고에서 벗어나야 한다.

지금까지 가르치던 영역에서 벗어나 새로운 영역으로 확장해야 다른 길을 찾을 수 있다. 지금까지 강의해 온 영역은 다른 사람들이 만들어 놓은 아스팔트길이라서 지나다니기 편하지만 경쟁이 치열하다. 하지만 다른 영역으로 눈을 돌리면 새로운 기회가 보인다. 좁은 길이지만 자신이 만든 길은 지나다니는 사람이 없기 때문에 나만의 길이 된다.

새로운 영역에서 기회를 찾아서 성공한 사례는 많다.

한때 야쿠르트 광고에 호주의 마샬 교수가 등장했다. 마샬 교수는 헬리코박터 파일로리균을 발견한 학자다.

헬리코박터 파일로리균을 발견하는 과정은 매우 어려웠다. 어느 누구도 pH2_{강한 산성}의 위산이 나오는 위에서 균이 살고 있으리라 생각하지 못했다. 마샬 교수가 위 속에 균이 있다는 주장을 하자 여러 학자들이 비난과 조롱을 했다. 연구비를 충당하지 못해서 마샬 교수는 상당히 곤란해졌다. 결국 연구자에게 금기시 되었던 자가투여실험까지 해야 했다. 자가투여실험은 자신이 직접 균을 먹은 다음 변화를 살펴보는 것을 말한다. 결국 이러한 고통의 결과 균의 실체를 확인했다.

자신의 몸까지 헌신하며 발견한 헬리코박터 파일로리_{Helicobacter pylori} 균의 발견은 새로운 과학의 시각을 넓혔고, 의학 발전에도 헌신하였으므로 그 공로로 노벨상을 수상하였다.

이처럼 모두가 아니라고 하더라도 새로운 곳에서 우리의 발견을 기다리고 있는 것들은 무수히 많다.

이제는 대학입시에서 논술 시험이 완전히 자리를 잡았다. 논술에 대해서 일반인들이 잘못 알고 있는 부분이 있다. 논술 시험이 처음 시행되던 무렵에 누구의 입에서 시작되었는지 모르겠지만 논술에 정답은 없다고 주장한 글을 본 적이 있다. 학생들이 자유롭게 사고하면서 제시된 문장과 논제에 접근해야 한다는 내용이었다.

이런 생각에 반기를 들며 한 때 '논술' 영역에서 이름을 알린 교육기업이 있다. 지금은 없어졌지만 '논술'하면 P사의 논술 교재를 떠올릴 정도로 수험생들에게 널리 알려졌던 시절이 있었다.

P사가 논술 영역을 장악할 수 있었던 것은 '논술에 정답이 있다'라는 슬로건 덕분이다. P사는 지속적으로 논술 영역에 정답이 있다는 것을 수험생에게 어필했고 결국 3,000여 개의 초중등 프렌

차이즈 학원과 50여 개의 고등부 프랜차이즈, 10여 개의 직영학원을 운영할 정도로 규모를 키우며 성장했다.

'논술에 정답이 있다'라는 사고의 전환이 아니었다면 짧은 기간에 수십배 이상 사세를 확장하기는 어려웠을 것이다. P사는 입시 교재 시장에서 논술 영역에 대한 시각을 바꿔서 성공의 기회를 잡은 대표적인 사례다.

주식에서 '상투 잡았다'는 말이 있다. 내가 주식을 살 때는 최고 가격에서 사고 주식을 팔 때는 주가가 떨어졌을 때 판다는 상황에서 하는 말이다. 많은 사람들이 블루오션이라고 생각하고 엄청나게 성장하는 영역이라면 이미 많은 사람들이 차지한 시장은 아닌지 의심해봐야 한다. 내가 그 영역에 진출했을 때 상투를 잡는 상황은 아닌지 생각해 봐야 한다.

정부의 교육·입시 정책에 따라 온 나라가 들썩인다. 나만 알고 있는 정보라고 생각하지만 그 정보는 내가 아는 순간 이미 누군가 오래 전부터 대비책을 준비해오던 정보일지도 모른다.

이미 많은 사람들이 그 정보를 활용하고 있고 나는 맨 뒷자리를 차지한 꼴이 될 수도 있다. 그 정보를 내가 알고 있다면 이미 다른 사람들도 정보를 알고 있는 것이다.

블루오션은 찾는 게 아니라 직접 만드는 것이다. 강의하는 영역을 융합해서 새로운 커리큘럼을 만드는 것이 블루오션을 만드는 것이다. 강의내용은 유사하지만 테마가 다르면 충분히 인정받을 수 있다. 많은 강사들이 강의하는 영역에서도 다양한 테마의 강의가 속속 등장하고 있다. 강사들이 강의하는 내용은 전국 학원뿐만 아니라 인터넷 강의에서도 들을 수 있다. 같은 주제라도 다른 모습으로 바꾸거나 다른 영역과 융합하면 새로운 커리큘럼을 만들 수 있다. 강의하는 영역들 사이에 공통점을 찾아서 조화를 이루도록 만든다면 세상에 없었던 강의를 만들 수 있다.

강의로 먹고 살려면
끊임없이 연구하라

| 교과목, 시험, 학생, 학부모는 계속 진화한다

학생과 학부모들이 교육에 대한 정보를 제대로 알지 못한다고 생각하는 강사들이 많다. 학생들은 학교 공부에 치여서 제대로 된 정보를 얻지 못하고, 학부모는 가사와 업무에 치여서 제대로 된 정보를 얻지 못한다고 생각하는 것이다. 강사가 이런 생각을 하는 것은 굉장히 위험하다.

과거에는 교육에 대한 정보를 학교와 학원 관계자들이 독점했지만 지금은 그렇지 않다. 요즘은 컴퓨터만 켜면, 스마트폰만 켜면, TV만 켜면 교육에 관한 정보를 쉽게 얻을 수 있다. 이런 정보를 강사만 알고 있다고 생각하거나 강사만 교육과정을 완벽하게 이해하고 있다고 생각하는 경우가 많다. 심지어는 이런 생각이 지나쳐서 잘못된 방향으로 강의내용을 설정하거나 자기가 하는 강의가 옳다고 합리화하기도 한다.

한 고등학교 선생님은 A학교에서 B학교로 전근을 가면서 문항 번호마저도 똑같은 시험을 출제했다. 이 선생님이 전근 간 학교는 행정구역상 지역은 달랐지만 1Km 정도 거리에 있었다.

요즘은 학교 시험에서 내신을 올리기 위해서 학원에서 고등학교 기출문제 시험지를 풀어주는 수업을 하는데 이 과정에서 문제와 문항이 똑같다는 것을 알게 되었다. 선생님은 교육청으로부터 징계를 받았다. 문제와 문항이 똑같은 경우는 드물지만 이런 상황은 종종 목격된다. 왜냐하면 수년 동안 똑같은 교안으로 수업을 하기 때문에 문제를 새로 출제하더라도 크게 변형하기는 쉽지 않다.

심지어 6차 교육과정의 교안을 아직까지 토씨하나 바꾸지 않고 사용하는 선생님도 교단에서 학생들을 가르치고 있다.

대입수능에 논술 시험이 처음 시행되었을 때 학교와 학생, 학부모 모두 혼란스러웠다. 왜냐하면 논술 시험에 대한 정보가 전혀 없었기 때문이다. 학교에서는 논술 시험을 준비하기 위해 외부강사를 초빙하려고 실력 있는 논술 강사를 찾았다. 하지만 초빙된 강사도 논술 시험에 대해서 명확하게 알지 못했다.

논술에 대한 일반적인 내용과 주제별로 글쓰기 요령을 가르치는 것이 전부였다. 하지만 당시의 학생들은 논술 강사들이 강의한 내용을 진리라고 믿었다. 하지만 지금은 그렇지 않다. 논술 시험에서 무엇을 물어보는지, 어떤 형식으로 출제되는지 알게 된 이후에 학교와 학생, 학부모 모두 출제 경향을 파악하고 시험에 대비해서 어떤 공부를 해야 하는지 알게 되었다. 불과 수년 사이에 학교, 학생, 학부모 모두 급격하게 진화했다는 것을 느낄 수 있다.

| 링거킴

'링거킴'은 학생들이 나를 부르던 별명이다. 나는 월요일부터 금요일까지 하루에 12시간씩 60시간을 강의했고 토요일과 일요일에는 최고 14시간까지 강의했다. 10시간 동안 강의를 하는 것은 일반 직장인들이 8~10시간 일하는 것보다 체력 소모가 훨씬 크다. 강의 일정을 소화하기 위해서 일주일 내내 강의실에만 있었다. 당시에 몸이 어떻게 견디어 냈는지가 궁금할 정도였다. 그렇게 강의를 하고 집으로 돌아가면 너무 피곤해서 잠을 못 이루는 날이 많았다. 잠을 충분히 자야 다음 날 강의를 제대로 할 수 있는데 너무 피곤해서 잠이 오지도 않았고 얕은 잠이 들었다가 몸이 쑤셔서 잠에서 깨는 일이 반복되곤 했다. 잠을 잘 못자면 입맛도 없고 억지로 강의를 진행하느라고 구강염과 인후염을 한동안 달고 살았다. 몸이 급격하게 나빠졌다는 것을 느끼고 병원에서 진찰을 받았더니 과로와 영양결핍이라는 진단이 나왔다. 병원에서는 며칠 동안 통원하면서 링거를 맞으라고 했다. 병원에서 링거를 맞으며 잠깐 눈을 붙였다가 학원에 가면 학생들은 걱정스러운 눈으로 나를 보았다. 손등에 링거 주사를 맞은 곳에 붙어 있는 반창고를 보고 학생들 '링거킴'이라는 별명을 지어주었다.

 학생들 앞에서 강의하는 내 모습이 굉장히 힘들어 보였던 것 같다. 하지만 당시에 대부분의 강의 일정을 문제없이 진행하면서 얻은 별명이기에 자랑스럽기까지 하다.

니체의 『차라투스트라는 이렇게 말했다』에는 이런 글을 있다.

"'어디에서 왔는가'가 아니라 '어디로 가는가'가 무엇보다 중요하고 가치 있는 것이다. 영예는 거기에서 주어진다. 어떤 미래를 목표로 하는가? 현재 상태를 뛰어넘어 얼마나 높은 곳으로 가려고 하는가? 어느 길을 개척하여 무엇을 창조해 갈 것인가?"

과거보다는 미래, 목표가 중요하다는 의미일 것이다. 목표를 이루기 위해서 스스로 개척하고 창조하는 데 힘을 기울여야 하고 지금보다, 과거보다 더 높은 곳의 목표를 이루기 위해서 노력하라는 뜻이 이 질문의 답이라고 할 수 있다.

남의 주머니에 있는 돈은 내 돈이 아니다

| HDTV를 가장 먼저 발명한 곳은 어디일까?

HDTV가 무엇인지는 알아도 HDTV를 가장 먼저 발명한 곳을 아는 사람이 거의 없다. HDTV는 일본 공영 TV인 NHK에서 발명했다. HDTV를 어디서 발명했는지 우리가 알 필요는 없다. 왜냐하면 현재가, 결과가 더 중요하기 때문이다. HDTV를 발명한 곳은 일본의 NHK지만 지금은 우리나라의 삼성전자와 LG전자에서 만든 HDTV가 전 세계 시장을 휩쓸고 있다. 우리나라 기업들이 뛰어난 기술력으로 세계 시장에서 선두를 다투고 있다.

먼저 발명했다고 모두 성공하는 것은 아니다. 중요한 것은 내 기술로 만드는 것이다. 일본은 뛰어난 창의력으로 HDTV의 핵심기술을 개발했지만 그 기술로 세계 시장에서 돈을 벌고 위상을 높인 곳은 바로 우리나라의 기업들이기 때문이다.

먼저 개발했지만 성공하지 못한 사례는 또 있다. 코닥은 필름으로 유명한 회사다. 코닥은 2012년에 적자를 이기지 못하고 파산했다. 아이러니하게도 코닥이 요즘 카메라 시장을 이끌어가는 디지털 카메라를 세계에서 가장 먼저 발명했다. 코닥은 디지털 카메라를 가장 먼저 개발하고도 주력 상품인 필름에 집중했기 때문에 파산하게 된 것이다.

사교육에서 일하는 강사에게도 이런 일이 종종 일어난다. 다른 강사보다, 다른 학원보다 먼저 하는 것은 의미가 없다. 도전할 수 있는 기회는 무한하다. 내가 최초는 아닐지라도 나중에 최고가 될 수 있다. 오히려 최초가 아니기 때문에 최고가 될 수 있는 것이다.

우리가 흔히 말하는 '인강인터넷 강의'을 처음 시작한 시기는 2000년대 초반이다. 당시에 20여 개 정도의 회사에서 인터넷 강의 서비스를 시작했다. 지금과 차이가 있다면 2000년 경에 인터넷 강의 서비스를 시작한 업체는 교육기업이나 학원이 아니라 대부분 IT기업들이었다. 이 시기에 인터넷 강의 서비스를 먼저 제공한 IT기업 가운데 현재까지 운영 중인 곳은 극소수다. 지금까지 인터넷 강의 서비스 분야에서 사업을 키우는 곳은 교육기업이나 학원을 운영하는 곳이다.

먼저 시작한다고 모두 성공하는 것은 아니다. 먼저 시작하는 것보다 중요한 것은 가장 효과적으로, 사용하기 편리하게 만드는 것이다.

| 나만의 것을 만들어라

로마제국 시대의 위대한 시인 베르길리우스_{Publius Vergilius Maro, BC 70 ~ BC 19}
는 『아에네이스 Aeneis』에 사제 라오콘_{Laocoon}과 두 아들의 죽음에
대한 서사시를 기록했다고 한다. 이 서사시의 전문은 유실돼서 알
수는 없지만 극작가 소포클레스의 연극에 사제 라오콘과 그의 아
들들이 바다의 신 포세이돈이 보낸 거대한 뱀과 사투를 벌이는 장
면이 묘사되어 있다. 지중해 로도스 섬에서 활동하던 작가에 의해
서 서사시가 만들어졌다는 기록도 있다.

그런데 라오콘 군상이 1506년 르네상스 시대의 로마에 다시 등
장했다. 네로 황제의 유적지에서 거의 완벽한 형태로 보존되어 있
었던 것이다. 발견 당시 라오콘 군상은 오른팔이 떨어져 나간 상
태였다. 당시 교황은 교황청의 재산으로 소장하기 위해서 원작의
형태로 복원하기로 결정했다. 라오콘 군상의 복원 작업을 바로 미
켈란젤로가 했던 것이다. 미켈란젤로는 당시에 '피에타'와 '다비
드'로 이탈리아 최고의 작가로 칭송받았기 때문에 떨어져 나간 오
른팔을 충분히 복원할 수 있을 거라고 믿었다. 미켈란젤로는 라오
콘 군상의 자세와 동작을 보고 오른팔이 어깨 뒤로 젖혀져 있을
것이라 생각했다. 하지만 다른 조각가들과 학자들은 뱀을 든 라오
콘의 오른팔이 하늘을 향해 치솟아 있었을 것이라며 미켈란젤로의
의견에 반박했다.

미켈란젤로의 의견은 받아들여지지 않았고 하늘을 향해 치켜든
모습으로 라오콘의 군상은 복원되었다.

약 450년 뒤인 1957년에 특히, 라오콘 군상의 떨어져 나간 오른팔이 로마 유적지에서 발굴되었다. 놀랍게도 미켈란젤로의 추측대로 오른팔이 어깨 뒤로 젖혀진 모습이었다. 미켈란젤로는 1500년 전에 유실된 작품을 유추해냈다. 라오콘 군상의 모방을 통해서 미켈란젤로의 노예조각상도 만들어 낼 수 있었다.

외부에서 강의가 있을 때 입버릇처럼 하는 말이 있다.

"프렌차이즈 학원은 강사에게 절대로 이익이 되지 않는다."

여기서 말하는 '이익'은 단순히 돈만이 아니라 여러 가지 의미가 담겨 있다. 강사들과 학원을 경영하는 원장들은 프랜차이즈 학원에 대해서 착각하는 것이 있다. 단기적으로 학생들의 수요와 학부모들의 관심을 끌기 위해서는 프랜차이즈 브랜드가 필요할 수도 있다. 프랜차이즈 학원에서 강의하는 강사는 커리큘럼이나 수업 일정이 정해져 있어서 강의계획에 따라 차근차근 수업을 진행하면 되기 때문에 강의에 집중할 수 있다고 생각한다.

정말 그렇다. 프랜차이즈 학원은 학원 경영자, 강사 모두에게 완벽한 시스템을 제공한다. 하지만 분명한 것은 시키는 대로 따라하면 그것은 절대로 '내 것'이 될 수 없다. 프랜차이즈 교육기업에서 제공한 커리큘럼이 있다고 해도 강사가 융통성 있게 변형할 줄 알아야 한다. 프랜차이즈 교육기업에서 탄탄하게 구성된 커리큘럼과 교안을 제공하더라도 강사가 창의력을 발휘할 수 있는 영역은 무궁무진하다. 창의력을 발휘할수록 강의 실력은 향상된다.

프랜차이즈에서 제공한 학원 시스템을 이용한다고 강의 노하우가 생기는 것은 아니다. 강사는 자기만의 강의를 만들고 프랜차이즈 교육 시스템에서 훌륭한 부분을 차용해야 한다.

다른 사람이 만들어 놓은 커리큘럼이나 교안을 가지고 강의해서는 최고가 될 수 없다. 잘 만들어진 커리큘럼과 교안으로 강의하면 처음에는 강의가 체계적이고 짜임새 있게 느껴질 것이다. 하지만 강사의 몸에 맞는 강의 방식은 아니기 때문에 강의 노하우는 생기지 않는다. 교육에서 중요한 것은 잘 만들어진 프랜차이즈 교육기업에서 제공한 커리큘럼, 즉 하드웨어가 아니라 강사만의 강의 노하우, 즉 소프트웨어다.

내 손으로 완성하지 않으면 내 것이 아니다. 다른 사람이 만든 커리큘럼을 나만의 커리큘럼으로 만들어야 강의 노하우를 쌓을 수 있다. 미켈란젤로도 바로 고대 로마의 라오콘 군상을 모방하고 복원하면서 명성을 얻기 시작했고 나중에 자기만의 생각을 작품에 반영해서 노예조각상과 같은 새로운 작품을 만들었다는 사실을 기억하기 바란다.

내가 알려준 잘못된 정보가 학생의 인생을 망친다

| 현행 입시제도에서 대학에 입학할 수 있는 방법은 몇 가지일까?

정권이 바뀔 때마다 교육정책도 바뀐다. 대선 후보마다 교육을 바라보는 관점이 다르고 경제적인 측면과 선거의 승패를 의식하면 교육정책은 가볍게 볼 수 있는 사안이 아니다.

정치인들도 관심을 가지고 지켜보는 교육정책이지만 교육현장에서 강의하는 강사들은 오히려 교육정책에 무관심한 경우가 많다. 교육정책이 바뀌어도 실질적으로 바뀌는 게 없으니 하던 대로 하면 된다고 애써 무시하는 강사도 있고 신경을 쓴다고 개선할 수 있는 것이 아니기 때문에 특별히 관심을 갖지 않는다는 강사도 있다.

강사 입장에서 실제로 바뀌는 게 없더라도 정책적으로 바뀌는 내용은 숙지하고 있어야 학생들에게 올바른 방향을 제시할 수 있다.

현행 입시에서 대학에 갈 수 있는 방법은 크게 7가지로 구분된다. 많은 수험생과 학부모가 알고 있는 것처럼 수시모집과 정시모집이 있다. 대학별 수시모집은 고등학교 3학년 1학기가 끝난 후 원서를 접수하고 대학수학능력시험일 전후에 맞춰서 전형을 실시한다. 수시모집에서는 '내신'이라는 학생부 교과와 '스펙'이라는 학생부 비교과 성적으로 학생을 평가한다. 그리고 대학별 고사도 있다. 대학별 고사는 대학에서 학생들을 선발하기 위해서 자체적으로 실시하는 제도로 지필고사형과 실기면접형으로 나눠진다.

지필고사에서는 논술, 약술형 논술, 유형별 적성평가를 실시하고 실기면접형에서는 실기, 구술면접을 실시한다. 학생의 전반적인 능력을 평가하는 학생부 종합전형입학사정관제도 신입생 선발 시험 중 하나다.

1. 학생부 교과	흔히 말하는 내신, 학생부 교과
2. 학생부 비교과	스펙, 봉사활동, 대내외 활동
3. 논술	결과 보다는 과정을 중요시하는 글쓰기 시험
4. 면접	순발력있고 옳은 인성을 판단
5. 전공 적성	중하위 대학의 수능과 내신 중간 정도의 수준
6. 실기	음악, 미술, 체육 관련 학과
7. 수능	정시모집의 주요 시험

강사는 지도하는 학생의 성적과 능력에 따라 알맞은 전형을 선택하게 하고 유리한 전형에 대비할 수 있도록 도와줘야 한다. 수능 시험을 비교적 잘 볼 것으로 예상되면 정시모집에 대비하는 것이

좋고 학생부 교과, 즉 내신이 우수하면 수시모집을 준비하는 것이
좋다. 요즘 대학입시 전형은 미리 준비한 학생이 더 많은 기회를
얻을 수 있고 합격 가능성도 높일 수 있다.

학원에서 강의하는 강사도 교육자다. 어쩌면 학교 선생님보다 입
시제도에 대해서 더 많이 알고 있어야 한다. 그래야 학생들에게
맞는 진학지도를 할 수 있다.

자연계 학생이 상담을 요청했다. 이 학생은 언어 영역이 상당히 취
약했다. 국어와 영어 성적은 비교적 좋지 않았고 수학과 과학 과목의
성적은 상당히 뛰어났다. 이 학생은 학기 초부터 취약한 과목인 국어
와 영어 성적을 올려서 수능 등급도 올리고 내신도 올리려는 계획을
하고 있었고 학부모도 같은 생각을 하고 있었다.

문제는 국어와 영어 과목에 집중하면 성적이 잘 나오던 수학과 과
학 과목의 성적도 하락하는 경우가 많다는 것이었다.

나는 학생과 학부모를 설득해서 오히려 수학과 과학 과목에 집중해
서 수학, 과학 성적과 입상성적으로 입학사정관제를 준비하도록 권
했다. 이 학생은 입학사정관제에서 좋은 평가를 받아서 자신이 희망
하는 대학에 갈 수 있었다.

집안 형편이 좋지 않은 학생이 학원에 다니고 있었다. 학생이 활발하
고 표정도 밝아서 나는 집안 형편이 어려운지도 몰랐다. 요즘은 거의
모든 학생들이 학교에서 급식을 먹기 때문에 개인적인 사정을 얘기하
지 않으면 밥을 굶거나 혹은 가정이 어렵다는 사실을 알기 어렵다.

이 학생은 대학입시 원서를 제출할 때까지 자존심 때문에 집안 형
편에 대해서 한 번도 얘기하지 않았다.

입시원서에 첨부할 자기소개서를 써오라고 했고 자기소개서 내용
을 검토하던 중에 집안 형편이 어렵다는 것을 알게 되었다. 학생에게
집안 사정을 물어보았더니 차상위 계층에 해당했다.

대학입시 제도나 정책을 제대로 알지 못한 채로 다른 학생들처럼 수학능력시험을 보고 입시경쟁을 했으면 두 학생의 대학합격은 어려웠을지도 모른다.

| 입시 정보는 명확해야 한다

강사들은 자기가 맡은 강의만 하려는 경향이 있다. 강의를 잘해서 스타강사가 될 수도 있고, 학생 관리를 잘해서 유능한 학원 관리자, 원장이 될 수도 있다. 강사는 교과목에 대해서 강의만 잘하면 된다고 평가하는 학생도 있다.

학생들을 가르칠 때 기본은 "학생들이 왜 공부를 해야 하는 지에 대한 해답을 명확히 보여주는 것"이다. 입시위주의 우리나라 교육정책에서는 공부를 하는 이유가 대학 진학이라고 대답한다.

그렇다면 강사들은 대학에 진학할 수 있는 여러 가지 방법을 잘 알고 있어야 한다. 하지만 현재 학원에서 학생들을 가르치는 강사들은 입시제도에 대해서 알려고 하지도 않고 자신이 입시제도를 모른다는 것에 대해 너무나 관대하다.

지도하는 학생이 유치원생이든 초등학생이든 중고등학생이든 학생들이 학원에 다니는 최종 목표는 바로 대학진학이다.

이런 상황에서 올해 바뀐 입시제도에서 무엇을 중점으로 해야 하는지 모른다면 유능한 강사로 인정받을 수 있을까? 과연 입시제도에 관한 정보는 누가 제공해야 할까?

요즘의 입시제도를 단적으로 보여주는 이야기가 있다.

"명문대를 보내려면 세 가지를 갖춰야 하는데 첫째 엄마의 정보력, 둘째 아빠의 무관심, 셋째 할아버지의 재산 혹은 유산이다."

쓴 웃음이 나오는 이야기지만 우리의 현실을 돌아보게 해준다. 언제부터인가 입시에 관한 정보에 대해서 학교에서도 모르쇠로 일관하고 학원에서도 모르쇠로 일관하다보니 대학 입시 컨설팅을 하는 업체들이 등장했고 엄청난 컨설팅 비용을 받으며 학생들에게 맞는 입시제도를 안내해주고 있다.

사례

경기도의 한 학원에서 있었던 일이다. 전교에서 1등을 놓친 적이 없는 학생을 지도했다. 고등학교 내내 성적이 좋았던 학생이라서 분명히 좋은 결과를 얻을 것이라고 예상했다.

대학과 학과를 선택해야 하는데 이 학생이 명문대 의대를 가겠다고 했다. 나는 학생에게 분명히 얘기했다. 네가 전교에서 1등을 하는 것은 맞지만 전국석차로 봤을 때 명문대 의대는 모험이라고 조언했다. 내신 성적이나 모의고사 성적으로 봤을 때 다른 학과를 선택하면 충분히 합격할 수 있다고 얘기했다.

나중에 이 학생은 수시모집에 자기 의지대로 명문대 의대에 원서를 제출했다는 얘기를 들었다. 왜 그랬냐고 물었더니 학원의 교무부장 선생님이 그정도 실력이면 된다고 원서를 쓰라고 했다는 것이었다.

결국 이 학생은 수시모집에서 1차 합격도 하지 못했다. 안타까웠지만 학원 선생님의 잘못된 지도로 그 학생은 대학입시에 실패했고 재수를 선택했다. 의대만 아니었다면 충분히 명문대를 갈 수 있었던 학생이기 때문에 안타까웠다.

　경기도의 한 학교에서 강의할 때의 일이다. 내신이 좋은 친구와 내신이 보통인 친구가 동시에 학원에 등록했다. 아쉽게도 두 학생은 모두 수시모집 원서를 쓴 후에 학원에 등록했다.
　한 학생은 내신이 좋지만 맹점이 있었다. 대학에서 원하는 최저학력요건을 수능이 60일 정도 남은 시점에 맞추지 못한 상태였고 최악의 경우 최저학력요건을 만족하지 않을 때를 대비한 전략도 없었다.
　여러 대학의 수시모집에 지원하면서 한 곳, 서울 상위권 S대학에만 논술전형을 선택했는데 그 대학도 최저학력 기준인 2등급 2개를 만족시킬 수 없는 모의고사 성적이었다. 한숨만 나왔다.
　내신이 보통인 학생은 자신의 성적으로 합격 가능한 대학을 선택하고 최저학력도 맞춘 상태였다. 그리고 논술시험에 대비하기 위해 학원을 찾았다고 했다.
　입시결과가 발표되었다. 우려했던 상황이 그대로 나타났다. 내신이 좋은 학생은 원서를 제출한 대학에 모두 불합격했고 상대적으로 내신이 보통이었던 학생은 원서를 제출한 대학 중에서 2곳에 합격해서 서울의 중위권 대학에 진학할 수 있었다.

　지역에서 수재로 소문이 난 학생의 학교생활기록부를 본 적이 있다. 학교생활기록부 내용은 완벽 그 자체였다. 명문대 합격은 보장된 학생이었다. 이 학생은 내신 성적이 매우 좋고 학교에서 추천서까지 받을 수 있는 상황이었는데 안타깝게도 담임선생님과 학교에서 너무 신경을 쓰지 않았다. 공부를 너무 잘 하는 학생이라서 스스로 준비하라고 한 것이다.
　학생은 입시에 대해서 잘 모르고 어려워도 혼자서 준비해야 하는 줄 알고 있었고 혼자서 입시준비를 한 모양이었다.

그런데 혼자서 준비하기에 부족했는지 나에게 연락을 해왔다. 나는 조금이라도 도와주려고 여러 가지 조언을 해주었는데 원서 제출 마감일 하루 전날 너무 황당한 일이 벌어지고 말았다. 원서를 제출하기 하루전날 학생에게 전화를 해서 서류를 다 준비했는지 물어보았다. 그런데 학생은 어떻게 준비해야 하는지 몰랐고 자신이 무엇을 해야 하는지도 알지 못했다.

우리나라 최고로 불리는 대학에 원서를 제출해야 하는데 원서와 함께 제출해야 하는 서류를 제대로 준비하지 못한 것이었다. 나는 준비해야 서류 목록과 작성하는 방법을 알려주었고 학생은 밤을 새워 준비했다. 하지만 결과는 불합격이었다.

나는 학생을 방치한 학교와 선생님을 이해할 수 없었다. 정확한 정보를 주고 곁에서 관리해 주었더라면 원하는 대학에 합격할 수 있었을텐데 제대로 도전해 볼 기회도 얻지 못했다는 게 너무 아쉬웠다.

전쟁터에서는 새로운 무기가 많을수록 좋다

| 새로운 무기는 많을수록 좋다

이라크 전쟁에서 미군이 펼친 '사막의 여우' 작전은 SF영화를 보는 것처럼 신기한 무기들이 많이 등장했었다. 스텔스 전투기, 토마호크 미사일, 가공할만한 F15 전투기 등. 여러 가지 무기들 중에서 토마호크 미사일은 서울에서 발사하면 부산의 학교 운동장 축구 골대 안에 들어갈 정도로 높은 명중률을 자랑하는 무기다. 신무기는 전쟁터에서 막강한 위력을 발휘한다.

신무기만 믿다가 전쟁에서 패배한 사례도 있다. 1차 세계대전이 한창이던 1916년 7월 1일 솜전투battle of the Somme는 프랑스 피카르디주를 흐르는 솜 강 주변 22km에 달하는 전선에서 벌어진 전투다. 영국·프랑스 연합군과 독일군 사이의 참호전은 연합군 62만영국 42만·프랑스군 20만, 독일군 60만, 모두 합해서 120만 명 이상의 사상자를 냈다.

이 전투에서 영국 연합군은 새로운 전략을 사용한다. 탄막포격으로 진격하는 보병의 전방에 포격을 퍼부어 떨어지는 포탄을 커튼처럼 펼치고 또 보병이 전진하면 그 앞쪽에 비로 쓸듯이 포탄을 퍼부어 적을 소탕하는 전술이었다. 이러한 전략은 나폴레옹 시대부터 구상했으나 기술적인 문제로 실현하지 못했었다. 그런데 바로 솜전투에서 이 전략을 사용한 것이다. 결과는 참혹한 실패였다.

150만 발의 포탄을 쏘아 독일군에게 타격을 주려고 했던 전술은 완벽하게 실패했다. 그 이유는 엄청난 불발탄 때문이었다. 이 불발탄은 수십 년이 지난 후에도 이 지역 농부들에게 위협이 되었다고 한다.

새로운 정보, 새로운 책, 새로운 이론, 새로운 교수법, 새로운 관리법은 강사에게 엄청난 무기가 된다. 하지만 솜 전투에서처럼 준비가 덜 된 상태라면 아무리 좋은 무기가 있어도 성공할 수 없다. 용도에 맞는 무기를 사용해야 한다. 강의에 새로운 정보와 제대로 된 기술을 적용하면 강의 능력을 배가시킬 수 있다.

요즘은 학생들의 출결을 자동으로 체크하는 시스템이 학원에 구축되어 있다. 과거에는 교실에서 출석을 부르고 출결 상황을 학부모에게 문자로 전송하던 시절도 있었다. 이제는 학생이 등원하면 자동으로 학부모에게 문자메시지가 전송된다. 그리고 수업한 과목과 수업 내용, 진도 확인도 시스템적으로 관리할 수 있게 되었다.

학원에서 강의도 잘 하고 관리도 잘 하면 더 바랄 것이 없다. 학원과 강의에도 새로운 것이 필요하다. 학원에서 좋은 시스템을 제공해도 강사가 제대로 활용하지 못한다면 무용지물이 된다.

"전 기계치예요."

"전 컴퓨터를 잘 못해요."

"전 스마트폰을 잘 못써요."

강사는 절대로 이런 말을 해서는 안 된다. 자기가 못하는 것에 대한 두려움을 떨쳐 버려야 한다. 많은 강사들이 사용하고 있다면 분명히 이유가 있다. 많은 강사들이 사용하고 있다면 나도 충분히 활용할 수 있다. 새로운 도구에 대한 두려움을 버리고 자신감을 갖고 이용해야 한다.

정보를 가진 자는 필요에 따라 가공할 수 있다

정보화 사회라는 말을 실감할 정도로 정보의 양은 기하급수적으로 늘고 있다. 과거에는 조간신문과 TV뉴스만 보면 정치, 경제, 사회의 정보를 모두 습득할 수 있었다. 하지만 지금은 인터넷, 포털사이트, 스마트폰, IPTV, 소셜네트워크 등의 매체를 통해서 수없이 많은 정보가 쏟아져 나온다. 잠시라도 한눈을 팔면 새로운 정보는 눈 깜짝할 사이에 과거의 정보가 된다. 우리가 정보의 홍수 속에서 허우적거리는 동안 정보를 제대로 활용하는 사람들은 필요한 정보를 선별해서 가공한다.

정보의 활용 분야에서 재미있는 연구도 있다. 구글과 미국질병통제본부CDC 공동연구팀이 분석한 결과 '인플루엔자'라는 검색어가 입력된 횟수와 검색어가 집중적으로 입력된 뒤에 10일이 지나서 병원을 찾은 환자 수는 매우 밀접한 관련이 있는 것으로 밝혀졌다. 환자들은 병원을 찾기 전에 자신이 정말 인플루엔자에 감염되었는지 확인하기 위해 인터넷 검색을 하는 행동패턴이 실제 감기 환자 추정치와 일치했기 때문이다.

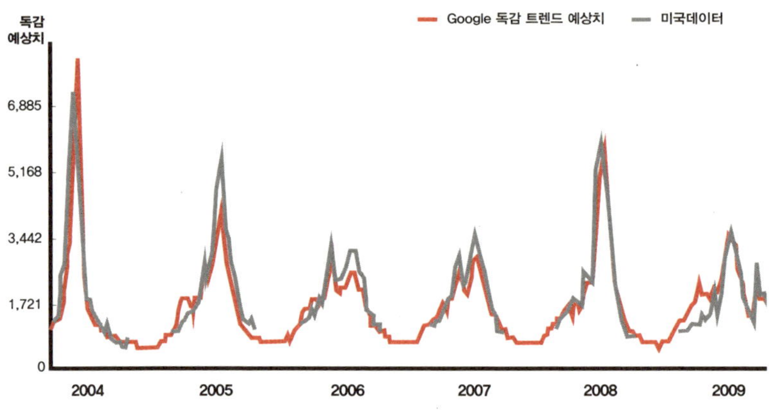

그만큼 우리 생활 주변에서 정보는 여러 가지 형태로 이용되고 있다. 이러한 행동패턴에 대한 정보를 누군가 먼저 알고 활용한다면 상황은 달라질 것이다.

정보를 자신의 이익을 위해서 사용할 수도 있다. 인플루엔자 검색이 증가하면 인플루엔자 항생제를 싼 가격에 대량으로 구매했다가 많은 사람들이 찾을 때 비싼 값에 팔수도 있다. 인플루엔자 항생제를 만드는 제약회사의 주식을 대량으로 매입해서 주식이 오를 때를 기다릴 수도 있다. 만약 정보가 확실하다면 다른 산업에 투자할 수도 있다. 주사기를 만드는 회사나 백신을 만드는 회사, 감기에 좋은 음식을 판매하는 회사 등에 투자하기 위한 정보로 가공할 수 있다.

교육에 관련된 정보도 마찬가지다. 교육정보는 제공하는 주체에 따라 다른 관점에서 접근하게 된다. 정도의 차이는 있지만 관점의 차이는 분명히 존재한다. 강사가 모든 교육정보를 섭렵할 수는 없지만 정보를 객관적으로 판단하고 제대로 활용하는 것은 강사의 몫이다.

사교육 업체에서 가공된 정보에는 어느 정도 거품이 있다. 정보의 출처가 사교육 업체라면 돈과 밀접한 관계가 있다.

예를 들어, 수능대비 인터넷 강의를 하는 A교육회사와 내신대비 인터넷 강의를 하는 B교육회사가 있다고 하자. 정부에서 새로운 입시제도에 내신 50%, 수능 50%로 입시 제도를 변경한다는 내용이 발표되면 A교육회사와 B교육회사는 서로 다른 결과를 내놓는다.

A교육회사는 수능대비 인터넷 강의를 하므로 실질적으로 수능의 비중이 강화된다고 얘기할 것이고 반대로 B교육회사는 내신의 비중이 강화된다고 얘기할 것이다.

강사는 두 교육회사의 데이터를 모두 활용해야 한다. 명확한 근거가 있는지 세밀하게 확인한 다음 정확성을 파악하고 학생들에게 유리한 방향을 제시해야 한다.

강사의 재산은 몸뚱아리다

| 번아웃 신드롬

링거를 맞으면서 강의 일정을 무리하게 진행하는 동안 스트레스가 심했고 몸도 지쳤다는 것을 느끼고 이번 학기가 끝나면 좀 쉬어야겠다는 생각을 한 적이 있다. 학기가 끝나고 입시도 마무리될 무렵 휴양지로 여행을 다녀오려고 인천공항에서 비행기를 탔다. 비행기가 이륙하고 1시간 쯤 지나서 화장실에 가려고 일어나는 순간 눈앞이 캄캄해지면서 기억을 잃었다.

눈을 뜨는 순간 승무원 6명의 얼굴이 보였고, 묻고 있었다.

"Are you OK?"

비행기 바닥에 한참 동안 누워 있었던 것 같다. "탑승객 중 의사 선생님이 계시면 급히 승무원에게 연락바랍니다"라는 안내도 희미하게 들렸다. 비행기 안에서 응급조치를 받고 나서 정신을 차리고 일어날 수 있었다.

우리나라로 돌아와서 새벽에 장출혈로 쓰러지는 상황이 또 발생했다. 술과 담배를 끊고 체력관리도 했다고 자부했는데 두 번이나 맥없이 쓰러졌다는 사실이 당황스러웠다. 심장내과, 내과, 신경외과, 이비인후과 등에서 여러 가지 검사를 했지만 뚜렷한 원인을 찾지 못했다.

나중에 신경정신과에서 '번아웃 신드롬Burnout Syndrom'이라는 얘기를 들었다. 일에 중독된 나머지 자기 몸이 상하는 걸 잊어가며 일을 할 때 나타나는 증상이라고 했다. 매일 12시간 이상 휴일도 없이 수년 동안 강의를 했으니 당연한 결과였다.

우리나라도 주5일 근무가 보편화되고 적당한 여가생활이 가능해졌다. 하지만 강사의 입장에서는 남의 일처럼 느껴진다. 주6일 정도 강의하는 것은 보통이고 특목고 고입, 대학입시, 취업 등을 목전에 둔 수험생을 지도할 때는 강사도 긴장하기 때문에 마음 놓고 쉴 수도 없는 게 강사의 입장이다. 상황이 이렇더라도 자기 몸은 자기가 관리해야 한다. 체력을 관리하는 것도 강사의 강의 노하우이기 때문이다.

| 적절한 힐링이 필요하다

"살짝 노는 듯이 열심히 하는 친구들이

사실, 일은 더욱 능률적으로 잘합니다.

열심히 죽어라 일만하는 사람은

일의 즐거움 없이 스트레스로 일을 하는 것입니다.

내 무의식을 믿고 나에게 시간을 주세요.

(중략)

복권 대신 꽃을 사보세요.

사랑하는 가족을 위해. 그리고 나 자신을 위해,

꽃 두세 송이라도 사서 모처럼 식탁 위에 놓아보면,

당첨 확률 백 퍼센트인 며칠 간의 잔잔한 행복을 얻을 수

있습니다.”

혜민 스님이 쓴 『멈추면 비로소 보이는 것들』에 나온 내용이다. 혜민 스님은 스타 스님이라는 생소한 표현이 어울릴 정도로 유명하다.

UC버클리대 학부에서 공부하고, 석사는 하버드대, 박사는 프린스턴대에서 학위 과정을 거치고 햄프셔대 교수로 재직 중인 독특한 이력으로도 충분히 세인의 관심을 끌만하다. 무엇보다 혜민 스님은 해학과 편안함, 정신적인 위안으로 유명세를 톡톡히 치르고 있다.

강사들에게도 적절한 힐링이 필요하다. 적절한 운동, 취미 활동으로 스스로 스트레스를 이겨내는 방법을 찾아야 한다. 강하게 쥐었으면 놓아줄 필요가 있다.

이제는 우리에게 힐링healing이라는 용어가 친숙해졌다. 사전적인 의미는 ‘치유’다. 즉, 일상에서 지친 몸이나 마음을 치유한다는 뜻으로 많이 쓴다.

영업사원, 승무원, 전화상담사, 간호사처럼 여러 사람들을 만나서 일하는 감정노동자들처럼 강사도 지도하는 학생이나 학부모, 학원 관리자들에게 많은 스트레스를 받는다. 이러한 스트레스는 한 번에 해소되지 않고 지속적으로 누적된다.

강사에게는 자신을 치유^{힐링}하는 무엇인가가 필요하다. 스트레스를 해소해야 자신을 지탱할 수 있고 강의 준비와 상담을 할 수 있다.

적당한 유산소 운동, 적절한 취미활동과 몸과 마음을 다스릴 수 있는 여유와 공감대를 형성할 수 있는 동아리 활동, 동창회, 연구회 등 인적 네트워크 활동으로도 스트레스를 해소할 수 있다.

함께 일하는 동료들과 자신의 문제점에 대해서 이야기하고 소통하는 방법을 모색하는 것도 바람직하다. 강사는 고립될 수 있기 때문이다. 강사는 강의경력이 쌓일수록 강의 시간은 늘어나고 주변에 있던 사람들과 멀어진다. 멀어지는 이유는 생활패턴이 다르기 때문이다. 강사는 일반적인 직장인들이 일할 때 한가하고, 강사들이 일할 때 대부분의 사람들은 휴식을 취한다. 거의 모든 강사들은 주말이나 퇴근 후에 여가를 즐기는 직장인들을 부러워했던 경험이 있을 것이다. 일에 쫓겨서 고립된다면 자기만의 세계에서 허우적거릴 수밖에 없다.

일반적인 직장인과 일과가 다르다고 해서 단점만 있는 것은 아니다. 세상은 공평하다. 자기만의 세계에 고립될 수 있지만 강사라는 직업에도 장점은 있다. 많은 사람들이 몰리는 시간을 피해서 여유롭게 여가를 즐길 수 있는 것이다. 사람들이 붐비지 않는 시간에 영화나 공연을 감상할 수 있고 늦은 오후에 판매하는 런치 메뉴들을 저렴하게 먹을 수 있다. 운동이나 여가생활을 하더라도 주중에 사람들이 적은 시간에 더 여유롭게 할 수 있다. 시간을 잘 활용하면 짧은 여행도 할 수 있고, 필요하다면 휴식을 위해서 휴직도 할 수 있는 직업이라는 것도 장점이다.

| 한 걸음 씩 성공에 다가가라

로또에 당첨되면 얼마나 좋을까? 이런 상상을 하면서 일주일을 보내는 사람이 많다. 로또는 당첨확률이 1/8,140,000이다. 전세계에서 벼락에 맞아 사망할 확률이 1/5,000,000, 우리나라에서 벼락에 맞아 사망할 확률은 1/16,425,000,000이다. 아무나 로또에 당첨되는 건 아니다.

하지만 로또에 당첨된 사람이 실제로 행복할까? 언론 보도를 통해 전해지는 로또 당첨자들의 삶은 그리 행복해 보이지 않는다. 사업에 실패하고 자살한 사람도 있고 다시 가난했던 삶으로 돌아가는 사람도 있다.

무엇이 문제였을까? 당첨을 꿈꾸지만 당첨된 후에 그 돈을 어떻게 사용할지 구체적인 계획이 없었기 때문에 불행해진다고 생각한다. 그 계획이 있더라도 계획대로 실천하고 관리하는 능력이 부족해서 불행한 삶을 살 수도 있다.

강사로서 자신이 성공한 모습을 구체적으로 그려보자.

최종 목표에 올랐다면 다음에는 무엇을 해야 하고 또 다른 목표를 세우고 그 목표를 이루기 위해 어떤 일을 할지, 더 구체적으로 생각해야 한다. 직접 학원을 경영한다면 인력은 어떻게 운영하고 관리는 어떻게 할 것이며, 콘텐츠 개발을 어떻게 할지도 염두에 두어야 한다. 강한 강사는 성공한 이후의 자신의 모습도 미리 생각해 두고 구체적으로 준비해야 한다.

일반적으로 흔히 말하는 메이저 인터넷 강의 업체들은 강사들과 오랜 기간 계약하지 않는다. 인터넷 강의를 하는 강사들은 지역이나 학원, 학교에 이미 이름이 알려진 능력 있는 강사들이다. 하지만 그렇게 유능한 강사들이 계약하는 기간도 6개월에서 2년 정도다. 짧은 기간에 강사들을 평가하는 것이다. 강사들은 강의한 내용이나 결과에 따라 평가되고 재계약이 결정된다. 요즘 기업들에서 시행하는 인턴십과 다르지 않다.

학원에서도 요즘은 단기 계약 후 실력이 있다고 판단되면 장기계약을 하는 것이 보편화되었다. 준비된 강사에게 이러한 평가는 기회가 될 수 있다. 철저한 준비와 계획이 있다면 자신의 몸값을 높이면서 성장할 수 있다.

　　한때 나의 머릿속에 떠나지 않고 길고 길게 자리 잡았던 기억이 있었다.

　'하늘이 날 버렸구나!'하는 생각이었다.

　아무리 생각해도 길이 안보이고, 뭘 해도 잘 안되고, 주변에는 아무도 없는 것처럼 느껴졌었다.

　그런데 어느 순간 스스로 참 어리석다는 생각을 했다. 내가 가만히 있으면 세상은 결코 나에게 맞춰주지 않는데 가만히 웅크리고 앉아 기다리기만 했다. 하지만 내가 노력해서 나 자신을 바꾸니 세상 또한 아주 아주 조금씩 나를 향해 돌아선다는 것을 알았다.

　또한 아무런 길도 안 보이고 아무런 생각도 한없이 암울하게 느꼈던 바로 그 상황이 나에게서 문제가 시작된다는 것을 아는데 그리 오랜 시간이 걸리지 않았다.

　강한 강사!

　어찌 보면 신기루처럼 잡힐 듯 잡히지 않고, 보일 듯 보이지 않으며, 될듯하지만 쉽게 이룰 수 없을 것이다.

　분명한 것은 우리는 언제 당첨될지도 모를 로또를 찾아 떠나는 것도 아니고, 어느 산기슭에 있을지 모를 불로초를 찾아 헤매는 것 또한 아니다. 분명히 내가 할 수 있는 일을 하는 것이다.

　강한강사가 되는 방법을 우리는 이미 알고 있었고, 이제는 실천하는 일만 남았다.

교육 자료와 시장의 변화를 분석하고, 자신과 네트워크를 관리하고 학력을 뛰어 넘어 끊임없이 노력한다면 결국 강한 강사가 될 것이다.

강한 강사가 되기 위해 노력하는 사람들에게 미국 뉴욕의 신체장애자 회관에 적힌 작자 미상의 시를 소개하며 이 책을 마친다.

난 부탁했다

나는 신에게 나를 강하게 만들어 달라고 부탁했다.
내가 원하는 모든 걸 이룰 수 있도록.
하지만 신은 나를 약하게 만들었다.
겸손해지는 법을 배우도록.
나는 신에게 건강을 부탁했다.
더 큰 일을 할 수 있도록.
하지만 신은 내게 허약함을 주었다.
더 의미 있는 일을 하도록.
나는 부자가 되게 해달라고 부탁했다.
행복할 수 있도록.
하지만 난 가난을 선물 받았다.

지혜로운 사람이 되도록.

나는 재능을 달라고 부탁했다.

그래서 사람들의 찬사를 받을 수 있도록

하지만 난 열등감을 선물 받았다.

신의 필요성을 느끼도록.

나는 신에게 모든 것을 부탁했다.

삶을 누릴 수 있도록.

하지만 신은 내게 삶을 선물했다.

모든 것을 누릴 수 있도록.

나는 내가 부탁한 것을 하나도 받지 못했지만

내게 필요한 모든 걸 선물 받았다.

나는 작은 존재임에도 불구하고

신은 내 무언의 기도를 다 들어 주셨다.

모든 사람들 중에서

나는 가장 축복받은 자이다.

– 미국 뉴욕의 신체장애자 회관에 적힌 작자 미상의 시

Reference

─제1장 ─

• 백일우, 『교육경제학』 학지사(2007)

• Eric Garland, 손민중 역, 『미래를 읽는 기술』 한국경제신문(2010)

• 『시사경제용어사전』 기획재정부(2010)

• 고미숙, 『공부의 달인 호모 쿵푸스』 그린비(2007)

• 한준상, 『생(生)의 가(痂) 배움』 학지사(2009)

• Becker G. S., 『Investment in Human Capital: A Theoretical Analysis』 The Journal of Political Economy(1962)

• 백일우, 『과외행위에 대한 교육경제학적 이해』 The Journal of Educational Research .Vol. 37, No 4(1999)

• 한준상, 『교육 자본론』 학지사(2007)

• 『높은 교육열이 한국의 힘』 세계일보(2013년11월25일)

• Campbell, Nell, A; Reece, Jane B, Simon, Eric J, 윤치영, 고상균 공역, 『교양인을 위한 캠벨 생명과학』 월드사이언스(2005)

• Belk, Borden; 김재근, 안정선, 안태인, 이병재, 정학성 역, 『생활 속의 생명과학』 바이오사이언스(2007)

• 서진영, 『스토리 경영학』 명진출판(2010)

─제2장─

• Mincer, 『Investments in human capital and personal income distribution』 The Journal of Political Economy(1958)

• 한준상, 『생(生)의 가(痂) 배움』 학지사(2009)

• 말콤 글래드웰, 노태정 역, 『아웃라이어』 김영사(2012)

• 신현만, 『회사가 붙잡는 사람들의 1% 비밀』 위즈덤하우스(2009)

• 하워드 술츠, 도리 존스 양, 혼순명 역, 『스타벅스 커피 한잔에 담긴 성공신화』 김영사(1999)

• 백일우, 『교육경제학』 학지사(2007)

• Becker G. S. 『Investment in Human Capital: A Theoretical Analysis』 The Journal of Political Economy(1962).
• N.Gregory Mankiw 저 김경환, 김종석 역, 『맨큐의 경제학』 센게이지러닝코리아(2009)
• 다니엘 핑크(Daniel Pink) 저, 김명철 역, 『새로운 미래가 온다』 서울 : 한국경제신문사(2012)

-제3장-

• 신정근, 『마흔 논어를 읽어야 할 시간』 21세기북스(2011)
• 김상근, 최선미, 『르네상스 창조경영』, 21세기북스(2012)
• 마이클 샌델, 『돈으로 살수 없는 것들』 와이즈베리(2012)
• 『3.6 명만 거치면 한국인은 '아는 사이'』 중앙일보(2004년01월09일)
• 앨빈토플러, 하이디토플러 저, 김원호 역, 『불황을 넘어서』 청림출판(2009)
• Rhonda Byrne, 『시크릿』 살림Biz(2007)

-제4장-

• Ryans, D.G., 『Characteristics of effective teachers, their descriptions, comparisons and appraisal』 A research study. Washington, DC: American Conucil on Ecucation(1960)
• Robert G. Owens, Thomas C. Valesky 공저, 김혜숙 외 6명 공역, 『교육 조직 행동론』 학지사(2012)
• Jacob W. Getzels, eds. Luvern L. Cunningham and William J. Gephart, Itasca, IL : F.E. Peacock, 『"Theory and Research on Leadership : Some Comments and Som Altermatives," Leadership : The Science and the Art Today.』 Publishers(1973)
• ed. Dorwin Cartwright and Alvin Zander, 『"The Bases of Social Power." in Group Dynamics. 3rd ed.』 New York : Harper and Row, John French R. P and Bertram Raven(1968)
• 리처드 탈러, 캐스 선스타인 저, 안진환 역, 『넛지(nudge)』 리더스북(2012)
• Rhonda Byrne, 『시크릿』 살림 Biz(2007)
• 김위찬, 르네 마보안 저, 강혜구 역, 『블루오션 전략』 교보문고(2005)
• 마이클 포터, 조동성 역, 『경쟁전략』 21세기북스(2008)
• 강승구, 김병희, 『현대광고와 성공카피 전략』 에피스테메(2007)
• 홍성욱 엮음, 홍성욱 외 8인 공저, 『융합이란 무엇인가』 사이언스북스(2012)

● 앨빈 토플러, 원창엽 역, 『제3의 물결』 홍신문화사(2005)
● 알 리스, 잭 트라우트, 『마케팅 불변의 법칙』 비즈니스맵(2008)
● Charles F. Frazer, 『Creative Strategy : A Management Perspective』 Journal of Advertising(1983)
● 알 리스, 잭 트라우트, 『The Positionging Era : A View Ten Years Later』 Advertising Age(1979)
● 김병희, 『광고 카피 창작론』 나남출판(2007)
● 존 케이플스, 송도익 역, 『광고 이렇게 하면 성공한다』 서해 문집(1992)
● 존.T.몰로이, 이진 역, 『성공하는 남자의 옷차림』 황금가지(2008)

-제5장-

● 신명희, 『교수방법의 심리적 기초』 학지사(2002)
● Reid, D.J. & Johnson, 『Improving teaching in higher education : Student and teacher perspectives』 M Educational Studies(1999)
● 신명희 외 8인 공저, 『교육 심리학』 학지사(2010)
● 해리 왕, 로즈매리 왕 저, 김기오, 김경 역, 『좋은 교사 되기』 글로벌콘텐츠(2009)
● Ryan, Kevin. Bloomington, Ind., 『The Induction of New Teachers』 Phi Delta Kappa(1986)
● Rowen B, Correnti, and R. miller, 『What Large-Scale Survey Research Tells Us About Teacher Effects on Student Achievement』 Teachers College Record(2002)
● 『Doing What Matters Most: Investing in Quality Teaching』 National Commission on Teaching and America's Future(1997)
● Sack, Joetta, 『Class Size, Teacher Quality Take Center Stage at Hearing』 Education Week May 5(1999)
● Rivers, June C., and William L. Sanders, 『Teacher Quality and Equity in Educational Opportunity: Findings and Policy Implications』 Presented at the Hoover/PRI Teacher Quality Conference, Stanford University(2000)
● William L Sanders, 『Cumulative and Residual Effects of Teachers on Future Student Academic Achievement』 University of Tenessee Value-added Research and Assessment Center(1996)
● Ziv, 『Teaching and learning with humor: Experiment and replication. journal of Experimental Education』 A(1998)
● Robert Marzano, Translaiong Research into Action. Arlington, Va, 『What

Works in Schools』 Association for Supervision and Curriculum Development(ASCD)(2003)

● Princeton, N.J., 『The Condition of Teaching : A State-by-State Analysis』 The Carnegie Foundation for the Advancement of Teaching(1988)

● 『Teachers Complain of Lack of Parent Support』 The New York Times(1988)

● Matthew H.Olson, B.R.Hergenhahn 공저, 김효창, 이지연 공역, 『학습심리학』 학지사(2009)

● 데이비드 코드 머레이 저, 이경식 역, 『바로잉(Borrowing)』 흐름출판(2011)

● Reigeluth,C.M., & Memill,M.D, 『Classes of instructional variables』 Educational Technology19(1979)

● 찰스 두히그 저, 강주헌 역, 『습관의 힘』 갤리온(2012)

● 스티븐 존슨 저, 서영조 역, 『탁월한 아이디어는 어디서 오는가』 학지사(2012)

● 밥 파이크 저, 김경섭 역, 『파이크의 창의적 교수법』 김영사(2004)

● 임규혁, 임웅 공저, 『교육 심리학』 학지사(2007)

● Soliman S.S, Srinath M.D, 『Continuous and discrete signals and systems』 Prentice Hall(2005)

-제6장-

● 토마스 쿤, 『과학혁명의 구조』 까치글방(1999)

● Walter Isaacson, 안진환 역, 『스티브잡스』 민음인(2001)

● 최선미, 김상근, 『르네상스 창조경영』 21세기북스(2012)

● 김원제, 『콘텐츠 실크로드 미디어 오디세이』 이담북스(2009)

● 혜민, 『멈추면 비로소 보이는 것들』 쌤앤파커스(2012)

● pmg 지식엔진연구소, 『시사상식사전』 박문각 피엠지(2012)

● 임용한, 『세상의 모든 전략은 전쟁에서 탄생했다』 교보문고(2012)

-참고 인터넷 사이트-

● 통계청(http://kostat.go.kr)

● 한국교육개발원(https://www.kedi.re.kr)

● OECD(경제협력개발기구)(http://www.oecd.org)

● 한국직업능력개발원(http://www.krivet.re.kr)

● 채널예스 (http://ch.yes24.com/Article/View/22202)

● 동아일보 (http://dkbnews.donga.com/List/Total/3/01/20050603/34194191/1)

● 네이버 지식백과, pmg 지식엔진연구소, 『시사상식사전』 박문각 피엠지 (http://

terms.naver.com/entry.nhn?docId=1977846&cid=2574&categoryId=2574)
- 사이버 교과서 박물관 (http://www.textlib.net/ctm/tour/books_2000.jsp)
- 대학교육협의회(http://www.kcue.or.kr/)
- 대학입학정보(http://univ.kcue.or.kr/)
- 교육부(http://www.moe.go.kr)
- 미래창조과학부(http://www.msip.go.kr)